비포장도로

비폴장도로

| 김 애 련 수필집 |

세종출판사

| 작가의 말

묵은 지처럼 곰삭아 버렸는지도 모르겠다. 오래전에 쓴 글이라서 아니 어쩌면 맛이 들어 더 감칠맛이 날지도 모른다. 이미 부끄러움을 넘어섰다. 누군가가 한번이라도 읽어서 입가에 미소를 지을 수 있다면 나는 그것으로 족하다.

수필이란 나를 드러내는 것이다. 겉모습이 아니라 속마음을 비춰내는 거울이다. 마음 밑바닥에 첫사랑을 숨겨놓은 것처럼 하나씩 하나씩 비밀을 들춰내는 일이다. 아팠던 상처들, 힘겨웠던 기억들, 아름다운 추억 모두를…….

나는 이제야 새로운 길을 걸을 수 있을 것 같다. 십이월이 일월을 물고 있는 것처럼, 비워냄은 새로운 것을 담을 수 있는 공간과 여백이 되는 법이니까. 그리고 오랫동안 고여 있던 것을 다 흘려 보냈으니 새로운 지를 담기 위해 싱싱한 재료를 다시 찾아 나설 것이니까.

아픔을 느끼고 지나간 어제보다 오늘이 더 빛나기를 바란다. 어제 한 발자국 뗀 걸음에서 오늘 두 발자국 걷기를 바란다.

2019년 7월 김 애 련

차례

제1부 재봉틀 소리

제2부 비포장도로

제3부 회장 팔자

제4부 평상, 낮아지다

제1부

재봉틀 소리

봄에 그리는 어머니

오랜만에 강둑을 걷는다. 간간이 내 발자국 소리에 놀란 까투리가 후드득 날아오른다. 어디쯤 봄이 올까, 기다리는데 몸을 감싸는 공기는 얼음같이 맑고 차갑다. 몇 달 전까지 군데군데 남아있던 야생화들은 흔적도 없이 어디로 사라졌을까.

낙동강 둑길은 나를 순화시키는 길이다. 봄부터 가을까지 갖가지 야생화와 식물들이 나를 행복하게 해준다.

그렇다. 내 삶의 행복은 도시의 화려함 속에 있지 않고 오늘처럼 혼자 조용히 숲속을 거닐 때이다. 자연 속을 거니는 것은 자연과 소통하는 시간이며 내 영혼을 살찌우는 명상의 시간이니까.

강은 사계절 거울이다. 반대쪽에 있는 산의 경치와 기찻길을 고스란히 그대로 비춘다. 강 속을 들여다보면 풍광이 너무 선명하게 보여 그곳에 뛰어들고 싶은 착각마저 불러일으킬 때가 있다. 더구나 고요한 아침의 강은 흘러가는 것인지, 제자리에 맴돌고 있는 것인지 분간조차 어렵다.

한 곳에 모여 선 메마른 갈대가 햇살 따라 고개 숙인 채 바람에 서걱댄다. 2월의 매화는 반쯤 튀긴 옥수수처럼 몽우리를 맺었다. 이 평화로운 마을 안으로 이른 봄은 저만치에서 달려오고 있는 게 아닐까. 멀리서 들개 두 마리가 봄이야 언제 오든 상관없다는 듯 무심히 장난을 치고 있다.

들판엔 감자를 심으려는 농부들이 곱사등이처럼 엎

드려 있다. 강둑에서 벌써부터 쑥을 캐고 있는 아낙네들을 보며 내 마음도 함께 들판을 헤맨다. 늦게나마 이곳에 와서 살게 된 것이 얼마나 잘한 일인지. 도요에 살지 않았다면 이런 풍경을 상상이라도 할 수 있었겠는가.

어릴 때부터 나는 유달리 자연을 즐겼다. 진달래를 따고 버들강아지를 꺾으면서 산과 들로 뛰어 다니며 자랐다. 우리 집은 딸이 다섯이었는데 어머니는 이런 나를 사내아이 같다고 항상 나무라면서도 셋째 딸인 나에게 많은 기대를 거셨다. 내가 결혼한 이후에는 인내하며 살아야 한다는 말을 설교처럼 늘어놓았고 살림살이며 된장이나 고추장까지 일일이 챙겨주었다.

직장생활만 하다가 결혼을 했으니 살림 사는 모양새란 게 안 봐도 뻔하다. 그런데 시동생 시누이 네 명에 남편까지 모두 여섯인 대가족을 거느려야 했으니 염려가 많으셨던 모양이다. 하긴 도시에서만 살다가 시골이라는 전혀 생소한 시댁 환경을 접하고 보니 마음고생이 심했던 것은 말로 다할 수 없다. 하지만 그럴 때마다 품어주시는 어머니는 내겐 깊고 조용히 흐르는 강물이었다.

오늘따라 어머니가 그립고 그립다. 나이를 먹고 생활이 조금씩 윤택해지니 더욱 보고 싶어진다. 단아하고 예쁘장했던 모습이 지금도 눈에 삼삼하다. 한평생 바람기 많은 아버지 때문에 마음 고생을 많이 하였지만 자식들에겐 아무렇지도 않은 듯 언제나 온화하고 미소 띤 얼굴로 대하셨다. 어머니는 그처럼 끊임없이 흐르는 강이셨다.

어머니도 먹고 싶은 것이 많고, 보고 싶은 것이 많았을 텐데, 왜 예전엔 미처 몰랐을까? 따뜻한 밥 한 그릇 제대로 챙겨 드리지 못한 것이 두고두고 후회로 남았다. 굳이 내 생활이 팍팍해서만도 아닌데…. 그때에도 시부모님이 오시면 최선을 다하여 대접했다. 딸자식 소용없다는 말이 이래서 생긴 것일까. 친정어머니를 생각하면 무엇이든 해드리고 싶은 마음이지만 때를 놓치면 돈으로 안 되는 것도 세상에는 있다. 시계는 돈으로 살

수 있지만 시간은 돈으로 살수가 없는 것처럼.

얼마 전에는 강둑에 앉아 어머님을 오래토록 생각하며 실컷 목 놓아 울었다. 어머니라면 어떻게 하셨을까……. 생각이 미치자 막무가내 보채는 아이처럼 소리내어 울고 말았다. 자식을 키우며 단 한 번 소리 지른 적도, 못 마땅하다고 눈 흘긴 적도 없었던 어머님…… 그런데 그날 나는 사십이 넘은 자식 놈을 체면 볼 것도 없이 호되게 꾸짖고 말았다.

덜렁 융자를 내어 분에 넘치는 대형 승용차를 구입한 철없는 아들. 갖고 있는 중형차로도 충분한데 아이들 키우랴, 살아갈 앞날을 위해 절약할 생각은 하지 않고 현재밖에 모르는 소비생활이 늘 못마땅하던 참이었다. 그렇지만 정작 맘이 편치 못하여 강가에 나와 한참을 앉아 있었다. 내 어머님이라면 이럴 때 어떻게 하셨을까…… 생각에 빠져 있다 보니 엄마 앞에 보채는 아이처럼 한참동안 속울음을 울었다.

"어머님, 제 생각에 빠져서 자식을 꾸짖고 보니, 나 어릴 적 어머니 생각이 납니다. 저는 어머니처럼 타이르고 따뜻하게 품어주지 못했습니다. 어머니처럼 가슴이 넓은 어미가 못되나 봅니다. 그래도 지금껏 살아오면서 자식들을 잘 키워 보겠다고, 나도 한번 가문을 빛내 보겠다고, 바쁜 세월을 살아왔는데 그 힘든 상황을 벗어나 해방되고 보니, 때마다 어머님 생각이 이렇게 나네요. 호강시켜 드리고 싶은 어머님은 계시지 않고 무심한 세월만 강처럼 흘러갔네요. 자식을 키우다 보니 자식 된 내 도리는 어떻게 했나 돌아다보면서 칠순이 다 된 이제야 어머님의 마음을 헤아려 봅니다. 부끄럽습니다. 이 못난 딸을 용서해 주십시오.

하지만 어머니, 불효자식이지만 부끄럽게 살지는 않았습니다. 작년 이사할 때 짐 정리를 하다 보니 상장과 상패가 두 박스가 넘었습니다. 동장 상, 구청장 상, 시장 상, 장관 상, 자랑스러운 시민 상, 대통령상까지, 모두가 한 결 같이 봉사 상이었습니다. 독거노인, 소년 소녀가장이며, 어려운 이웃들을 내 몸같이 돌보며 이십 년 넘게 봉사하며 살았지요. 어머님께 되돌려 드리지는 못했지만 그래도 남과 더불어 사는 삶을 살았으니 훌륭한 사회인으로 잘 살아 주었다고 먼 곳에서나마 칭찬해 주십시오."

그리움에 사무친 하소연이었다.

무척이나 봄을 좋아했던 어머니. 집 앞 생태공원에 지천으로 야생화가 피고, 연둣빛 여린 잎이 가지마다 돋아나는 봄이 되면 불현듯 어머니가 보고파진다. 아카시아 향기에 취한 오월의 달밤에도 어머니가 떠오른다. 이 아름다운 도요마을을 어머니와 옛 이야기 하면서 걷고 싶다. 생활이 윤택해졌고 볼거리, 먹을거리도 많아진 이 좋은 시절에 어머님과 함께 하지 못함이 어찌 이리 서운한지…… 해마다 기다리는 나의 봄은 그래서 먹먹함과 아쉬움으로 갈마든다.

'가족' 그리고 '식구'

6.25때 난리는 난리도 아니었다. 한바탕 난리를 치르고 원상 복귀하는 시간. 어버이날 행사를 해 준다고 아들딸, 며느리, 사위, 손자들이 시골집에 모였다가 돌아가는 길이다. 나도 부산 집으로 따라 나섰다. 혼자 남게 된 남편은 차가 보이지 않을 때까지 손을 흔들고 서 있다. 왠지 모르게 눈물이 핑 돈다. 남편 혼자 두고 가는 것이 한두 번도 아닌데 오늘따라 왜 이렇게 마

음이 저려올까? 행여 딸이 볼까봐 딴청을 부린다.

나는 두 살림을 차리고 산다. 한 주의 전반은 부산에서 지내고 후반인 주말은 남편과 함께 시골에서 보낸다. 화요일마다 수필공부를 하고 있어서 월요일이면 늘 부산으로 오곤 했는데 저녁부터 비가 온다는 소식에 자식들 가는 걸음에 하루 일찍 나섰다. 백미러를 통해 보이는 남편은 까만 점 하나로 남을 때까지 그렇게 우두커니 서서 손을 흔들고 있었다.

시골과 도시 살림을 매주 살다 보니 한 주의 절반은 시골에서 남편의 '아내'로, 나머지 절반은 인간 '김 애련'으로 산다. 여자의 변신은 무죄라고 했던가. '아내'에서 인간 '김애련'으로 돌아오는 날, 나는 한 마리의 나방이 된다. 껍질을 벗는 누에처럼 시골아낙의 모습을 탈피하느라 분주하니까. 갖은 푸성귀를 만졌던 손과 손톱 밑에 까맣게 벤 물을 지우느라 씻고 다듬고 매니큐어를 칠한다. 쑥대머리를 하고 다니던 머릿결도 다시 손질한다. 내가 봐도 기똥찬 변신이다. 이런 걸 두고 '때 빼고 광낸다.'고 하겠지.

차는 이미 부산으로 들어섰고 파닥이던 손자는 어느새 잠에 취해 얌전해졌다. 앞좌석에 앉은 딸과 사위는 무슨 이야기를 하는지 연신 까르륵댄다. 괜히 신경이 거슬린다. 나의 이 마음과 상관없이 떠들고 있는 걸 보니 갑자기 낯설어 보이기까지 한다. 문득 내게 진정한 의미에서의 가족은 남편 하나뿐이란 생각이 든다. 흔히 혼용해서 사용하지만 엄밀히 말하면 '가족'과 '식구'의 의미는 엄연히 다르다. 가족의 사전적 의미는 부부를 중심으로 한, 친족 관계에 있는 사람들의 집단을 말하고, 식구는 한 집에 살면서 끼니를 같이하는 사람을 뜻한다. 말하자면 나와 한 솥밥을 먹는 사람은 남편밖에 없으니 나의 식구는 남편뿐이란 얘기다. 저토록 오랫동안 손 흔들며 바라보는 것은 밀물처럼 한꺼번에 빠져나가는 틈에 끼어 나마저 가버리고 마는 것이 남편도 못내 아쉬웠던 것이리라.

하필 이번 행사에는 썩 마음이 개운치 않은 일까지

있었다. 친 손주와 외손자 사이에 한바탕 소동이 났던 까닭이다. 친 손주 둘은 모두 초등학생이고 외손자는 이제 네 살배기로 어린이집에 다니고 있다. 처음 한 두 시간은 어쩌다 만난 외사촌동생이 귀여운지 잘 어울려 놀아 주더니 금방 싫증을 내고 더는 놀아주지 않았다

외톨이가 되어버린 외손자는 심술이 났는지 내 말 좀 들어봐라, 하면서 마당에 있는 골프공을 형한테 던졌다. 공은 정확하게 머리에 적중했다. 형은 아프다고 하면서 악악거리며 울어댔고, 깜짝 놀란 아들 내외는 상황을 듣고 성이 나서 씩씩거렸다. 사위는 달려와서 제 아이를 나무라고, 외손자는 당황한 듯 연신 입술을 씰룩거리며 눈물을 글썽였다. 나도 달려가 보니 난감하기 짝이 없다. 급히 뒤따라 나오는 남편을 모퉁이로 데려가 아무편도 들지 말라고 일렀다.

수습을 위해 일단 내가 나섰다. 외손자를 나무라고 형한테 사과를 시켰더니, 미안하다면서 다시는 그러지 않겠다고 싹싹 빈다. 그 모습이 안쓰러워 보이면서도

귀엽다. 사건은 이것으로 일단 마무리가 되었지만 아들 부부와 딸 부부 사이에 감도는 야릇한 서먹함과 어색함이 단번에 해결되지는 않았다.

사랑도 정 주기 나름인가 보다. 외손자가 처음 생겼을 때 남편의 외손자 사랑은 말 그대로 지고지순이었다. 딸은 부산에서 직장을 다녔고 자연히 외손자 키우는 일은 내 몫이 되었다. 첫 아이 낳고 우리 집에서 산후조리를 두 달 하는 동안 어린 것을 날마다 보는 것이 어찌나 좋고 즐겁던지, 아마도 손주를 키우는 할머니들의 마음이 이런 즐거움에 빠져서 힘든 줄 모르고 맡게 되리라.

산후조리 이후에는 손자를 보려고 우리 집에서 몇 구역 떨어진 딸네 집 아파트로 매일 출근하듯 다녔다. 그리고 그것도 성이 차지 않아 결국은 우리 집으로 들어와 살게 했다. 딸은 일층에서, 우리는 이층에서 살았는데 하루가 다르게 쑥쑥 크는 손자의 모습이 밤새도 궁금하여 눈만 뜨면 손자를 보러 일층으로 내려갔다. 손자 녀석도 이층 할머니, 이층 할머니 하면서 얼마나 잘 따르던지 남편과 나는 번갈아 애를 데리고 동네 지하철역이며 놀이터, 공원, 어디든지 다니며 낯선 곳을 구경시켜 주었다.

말을 제대로 하지 못하던 두 살 때쯤, 손자 녀석은 외할아버지를 아버지로, 진짜 아버지는 아빠라고 부를 정도로 따랐다. 공공장소에서 할아버지를 '아버지' 하고 부르면 주위 사람들은 늦둥이를 두었냐며 말을 거는 사람도 있었고 나를 쳐다볼 때는 이해가 되지 않는다는 듯 이상한 눈빛으로 바라보기도 했다.

남편은 조금은 내성적인 편이다. 그래서 우리 아이들 키울 때에는 부끄럽다며 한 번도 안고 다녀준 적이 없었다. 그런데 당신 배 앞으로 두른 포대기에 외손자를 안고 어디든지 다니는 남편은 스스로도 어떻게 이런 용기가 나는지 모르겠다고 말했다. 동네 사람들도 '손자 바보'라며 놀려댔다. 그는 직장을 마치면 집으로 곧장 달려와서 날마다 몇 시간씩 아이를 안고 다녔고 밤이면 피곤에 지쳐 쓰러져 잠들기를 반복했다. 외손자가 뭐라고…….

하지만 지금의 남편은 갈수록 친 손주를 좋아한다. 갑자기 변절한 그의 속내는 무엇일까. 그렇게 좋아하던 외손자를 조금씩 밀어내고 눈에 드러날 만큼 친손자를 더 좋아한다. 친손자는 대를 이을 사람이라는 구태의연한 말까지 들먹이며 기대감을 보이기도 한다.

아들은 직장관계로 첫째와 둘째를 키울 즈음, 멀리 광양에서 살았다. 당연히 한창 귀여울 때의 친 손주의 자라는 모습은 자주 볼 수가 없었다. 자주 못 본다는 것은 정이 들 기회가 많이 없다는 말이 된다. 눈에서 멀어지면 마음에서 멀어진다는 말처럼 멀리 떨어져 있다 보니 정이 흐르는 것도 자연스럽지 않았다.

하지만 친손자면 어떻고 외손자면 어떠랴. 어느 듯 손주들은 독립적인 인격을 내보일 만큼 나날이 커버리고

만 것을. 당연히 할머니, 할아버지의 순위도 아이들의 성장과 함께 밀려났다. 섭섭하지만 어쩔 수 없다. 그러니 애틋이 사랑하면 뭐하나. 이제부터라도 마음 단속을 할까 싶다.

가족은 있어도 식구는 하나. 남편만이 영원한 식구요, 유일한 내 사람인 것을. 시골집에 두고 온 남편이 벌써 그립다.

음치 탈출기

'그토록 사랑을 했건만……' 예전 같으면 절대 노래를 부르지 않지만 지금의 나는 주눅 들지 않고 곧잘 노래를 부른다. 오늘도 가족들의 눈이 휘둥그레진다. 음치를 탈출한 자부심에 내 어깨가 으쓱인다. 내친 김에 한곡 조 더 뽑았다. 신기한 듯 바라보는 가족들의 모습에 내 입술 양단은 자꾸만 위로 당겨진다.

몇 해 전이었다. 나는 대단한 결심을 했다. 어찌하든

음치에서 탈출해 보겠다며 자치센터에서 운영하는 노래교실에 출석했다. 다닌 지 반 년 만에 조금씩, 아주 조금씩 나아지기 시작했다.

어릴 적 나는 내성적인 성격이어서 수줍음이 무척 많았다, 자라면서 차츰 성격이 바뀌었지만 속에 품고 있는 뜨거운 감자를 밖으로 표현하지 못해서 그야말로 병이 날 지경이었다. 그러니 남들 앞에서 노래를 부르는 것인들 어찌 쉬운 일이었을까. 더구나 나는 음치이기까지 했다.

유전 탓이었을까. 하긴 부모님이 노래 부르는 것을 들어본 적이 없다. 부모형제가 하나같이 노래를 못하는, 이른 바 음치 가문의 영광을 이어받았다고 해야 하나.

지인들은 내가 음치라는 사실을 믿어주지 않았다. 그래서 노래할 자리가 있을 때마다 확인이라도 하려는 듯 악착같이 노래를 시켰다. 그러나 결국 한 곡을 부르고 나면 다시는 억지로 시키지 않았다. 음정 따로, 박자 따로. 가사 따로…… 이런 연고로 젊은 시절, 나는 관광버스를 타고 떠나는 여행은 가지 않았다. 마지못해 가게 될 때는 노래를 시키면 어쩌나, 하는 걱정에 가슴이 콩닥거렸다. 당연히 아름다운 경치가 눈에 들어왔을 리 없다.

그나마 다행인 것은 내 남편만큼은 음악을 좋아하고 즐긴다. 음치 콤플렉스에 시달리고 있는 내게 노래를 잘 부르는 남편은 연애시절부터 매력 만점의 남자로 보였다. 악기를 다루는 솜씨도 뒤지지 않는다. 부부 모임에서 노래방에 가면 남편은 친구들과 어울려 한바탕 신명나게 논다. 마치 곁에 있는 내 존재도 잊어버린 것처럼 말이다. 하지만 대리만족을 느끼는 것일까. 그를 보는 내 마음이 서운하기는커녕 벌어지는 입술을 다물 수가 없다.

내가 음치라는 것은 초등학교 3학년 때 알았다. 그 시절에는 오락시간이면 언제나 노래시합이 있었다. 맨 먼저 반장이 부르고 그 다음은 약속처럼 부반장인 내 차례가 되었다. 친구들은 모두 손뼉을 치면서 내 이름을 불러댔다. 어쩔 수 없이 노래를 불렀다. 얼굴이 달아오르고 목소리가 떨려서 무슨 노래를 어떻게 불렀는지 그야말로 비몽사몽간에 노래를 끝냈다. 그때 생각만 하면 지금도 부끄러워서 얼굴이 달아오를 지경이다.

한때는 노래를 대신해서 전통악기에 눈을 돌린 적도 있었다. 봉사단체를 구성하면서 기금마련에 무척 고심을 하고 있을 때였는데 궁리 끝에 풍물패를 만들기로 하였다. 나는 풍물을 배우러 회원 삼십 명을 데리고 동래 금강원에 있는 민속관에 갔다.

70세가 넘은 무형 문화제 선생님을 섭외하여 마스게임과, 장구, 북, 꽹가리, 징을 배우기로 하였다. 각자 맡은 악기를 열심히 배웠지만 정작 꽹가리를 배워야 하는 나는 진퇴양난에 빠졌다. 선생님은 악보도 없이 귀로만 듣고 배우라고 하였지만 나는 아무리 들어도 무슨 소리인지 구별이 안 되었다. 치기는커녕 듣는 것조차 어려웠다.

풍물선생님은 회원들 앞에서 수시로 망신을 주었다.

상쇠를 할 사람이 이렇게 못하면 어떻게 리더를 하겠느냐고 큰소리로 나무랐다. 매일 그런 일이 되풀이 되면서 가슴에는 스트레스가 쌓여 갔다. 어떻게 하면 잘 할 수 있을까. 며칠 궁리 끝에 식구들이 잠든 밤, 조용히 일어나서 빈 방으로 갔다. 문을 꼭 닫고 플라스틱 뚜껑과 나무젓가락으로 가락을 구별하는 연습을 시작했다.

지성이면 감천이라고 했던가. 팔이 아프도록 치고 또 쳤더니 한 달 가까이 지나자 가락이 하나씩 귀에 들어왔다. 그리고 마침내 굿거리, 자진모리, 휘모리장단과 성주풀이, 지신풀이를 배워서 풍물패를 이끌고 자그마치 상쇠노릇을 7년이나 해왔다. 수입이 짭짤하여 기금 마련에도 많은 도움이 되었다. 노래보다는 그래도 악기가 수월했었나 보다.

하지만 음치에 대한 나의 고민은 계속되었다. 더구나, 도시에도 시골에도 무수히 생겨난 노래방 붐은 아이에서 어른에 이르기까지 대한민국의 모든 사람을 일등 가수로 만들어내고 있었다. 하지만 나만은 음치를 탈출할

길이 없어 보였다.

노력해서 안 되는 일이 어디 있을라고. 나는 용기를 냈고, 노래교실을 찾아 나섰고, 마침내 해 냈다. 제일 처음 성공적으로 부른 노래는 '빨간 구두 아가씨'와 '회전의자'이다. 김빠진 콜라처럼 유행 지난 옛 노래였지만 얼마 전까지만 해도 나는 이 두 곡을 부지런히 리바이벌 해 왔다. 물론 지금은 두 곡을 더 완성하여 패티 김의 '이별'과 최진희의 '사랑의 미로'도 꽤나 잘 부를 수 있다. 이 네 곡을 완성 시키는 데 너무 오랜 세월이 걸리긴 했지만…….

12월이다. 하지만 연말연시의 축하자리가 이제는 두렵지 않다. 누구보다 타고난 끼가 많은 내가 노래까지 잘 불렀으면 내 인생이 어찌 될 뻔 했을까. 슬쩍 위로의 말도 건네 본다. 한 때는 주위에 웃음을 선물했으니 이 또한 좋은 일 한 셈이 아닌가. 네 곡이 여섯 곡으로, 여덟 곡으로, 열 곡으로 늘어가기까지 앞으로도 나의 음치 탈출기는 멈추지 않고 이어질 것이다.

재봉틀 소리

숨을 들이 머금고 아랫배를 힘껏 안으로 집어넣는다. 애를 써보지만 어림도 없다. 아끼던 바지인데 한 해 사이 내 허리는 염치도 없이 팽창해버린 것이다. 아무래도 허리춤을 좀 늘여야할 모양이다.

다락방에 얹어둔 재봉틀을 꺼냈다. 어머님 생전에 쓰시던 것인데 지금은 재봉틀 머리만 덩그러니 남았다. 뽀얀 먼지를 손으로 한번 훅 닦아내고 다림대 위에 얹는다. 오랜 만에 바깥 구경을 하니 재봉틀인들 감회가 없으랴. 요즘 들어서는 웬만한 바느질감은 모두 옷 수선 집에 맡기다 보니 꺼낼 일이 거의 없게 되어 미안한 마음마저 든다. 덜덜덜덜 덜덜덜덜…… 다림대 위에 얹어진 재봉틀이 흔들리지 않도록 왼손으로 틀 머리를 잡고 오른 손으로 조심스레 돌리기 시작한다. 추운 겨울 밤새도록 재봉틀을 돌리던 어머님의 모습이 오버랩 된다.

우리 형제는 6남매였다. 딸 다섯에 아들 하나다. 공무원이던 아버지는 당시만 하여도 일본유학을 마치고 귀국한 아주 보기 드문 인텔리였다. 풍부한 학식에 인물까지 준수하여 여자들이 늘 따랐다. 예쁘장한 얼굴에 아담한 키를 가진 어머니도 동네 총각들에게 인기가 많기는 매한가지였다고 한다.

내가 아는 어머니는 한 번도 편안하게 살아가지 못했다. 아버지는 직장생활을 했지만 우리 집은 대농이어서 머슴들과 농사일은 모두 어머니 몫이었다. 이런 걸 팔자소관 탓이라고 하는지 모르겠으나 일복 하나만큼은 타고난 듯했다.

어느 해 가을이었다. 작은 엄마라고 불리는 여자가 우리 집 사랑채에서 살기 시작했다. 아버지의 여자는 어린 내가 보기에도 이목구비가 또렷한 신식여성이었다. 어둠 한 자락이 우리 집 마당을 덮기 시작하면 그 방에서는 아버지와 그 여자의 뒤엉킨 웃음소리가 자지러졌다. 그 소리는 넓은 마당을 건너서 안채 창호지 문을 흔들고 요동이 없어 뵈는 어머니의 속마음까지 흔들어댔다. 그럴 때면 어머니는 재봉틀을 돌리기 시작했다. 당시 철이 없던 나는, 낮이면 농사일을 하고 밤이면 재봉틀을 돌리며 헤어진 옷이나 양말을 깁는 것이 어머니라서 당연히 하는 일인 줄로 여겼다.

어머니의 인내는 끝이 보이지 않았다. 하루도 빠지지 않고 삼시 세끼 아버지 밥상에 하얀 쌀밥과 생선을 바쳐 올렸다. 작은댁을 둔 남편이 밉고 원망스럽지도 않았을까. 밥을 먹다가도 아버지의 풍성한 밥상을 힐끔힐끔 쳐다보는 내 눈에서는 불꽃이 튄다.

작은 엄마한테는 나만한 딸이 있었다. 막연히 친척이라고 여겼는데 세월이 훨씬 지난 다음에야 아버지의 딸인 줄 알았고, 이웃 어른들이 수군대던 '배다른 딸'이라는 말이 무슨 뜻인지도 깨닫게 되었다. 하지만 나는 그 아이와 자주 어울려 놀았다. 아버지의 여자가 장사를 하러 나가는 날이면 그 애는 혼자서 방을 지켰다. 그럴 때면 나는 사랑채에서 함께 소꿉놀이를 하곤 했다. 눈치가 없었던 것일까.

훌쩍 커버린 언니들은 아버지에 대한 반항심이 점점 커졌다. 이러한 상황이 작은 엄마 네를 힘들게 했던 것일까. 내가 중학생이 되던 해이던 늦가을, 사랑채 작은 엄마는 이사를 가게 되었다. 더 이상은 한집에서 살 수 없다고 판단했는지 아버지가 작은댁 식구들을 다른 곳으로 보낸 것이다. 엄마는 작별의 인사를 나누라고 시켰지만 그즈음에는 아버지와의 관계를 짐작하게 된 나이였다. 나는 아무 말도 않고 입을 다문 채 그들이 떠나는 것을 지켜보고 있었다.

이 일이 있은 후 작지만 큰 변화가 일어났다. 엄마의 재봉틀 소리가 다시는 들리지 않게 된 것이다. 후일 들은 이야기지만 작은 엄마는 그 애와 함께 다른 남자에게 시집을 갔다고 했다. 우리 가족에게는 그나마 다행한 일이었지만 아버지는 작은 엄마가 떠난 뒤 마음을 추스리지 못하여 사랑채에 혼자 기거하였다. 그리고 몇 달 후에는 마침내 미동도 하지 못하였다.

삼랑진에서 용하다는 침술사를 집으로 모셔왔다. 석 달간이나 밤낮없이 아버지를 돌보고 치료했지만 아버지는 결국 반신불구가 되고 말았다. 엄마에게 고통을 준 대가가 아닐까, 어린 마음에도 나쁜 생각을 떨칠 수가 없었다.

몸이 불편해진 아버지는 엄마가 거주하는 큰 채로 옮겨졌다. 젊은 시절은 소실에게 가로채이고 성치 않은 남편이 되어 비로소 안채로 돌아왔지만 어머니는 아무런 내색도 하지 않았다. 가장이 제자리로 돌아온 것만을 다행으로 삼으셨는지 지극 정성으로 보살폈다. 응어

리진 자식들은 아버지를 결코 용서하지 않았지만 어머니는 여인의 숙명으로 받아들였음이다. 아니 살아보니, 말로는 다 설명할 수 없는 것이 부부라는 인연의 오묘한 섭리가 아닌가 한다.

아버지는 성치 않은 몸으로 십 년을 더 살았다. 그리고는 육순에서 한 살 모자라는 나이에 봄날 아지랑이를 바라보며 세상을 떠났다. 어머니는 아버지를 떠나보낸 뒤에도 딸들에게 속마음을 털어놓는 일이 없이 혼자서 그 고통을 간직하며 오래 사셨다. 열여덟 살에 결혼을 하여 사십 평생을 시부모님 수발과 남편 수발에, 마지막 남은 인생은 자식들 수발에 애 끓이며 사시다 아흔넷이라는 나이에 조용히 생을 마감했다.

인생에는 각자의 운명이 있기 마련이다. 멋쟁이 아버지도 그렇게 살아도 된다는 생각은 하지 않았을 터다. 아버지를 떠올릴 때면 요즘에는 나도 나이를 먹었는지 울컥하는 울음이 가슴 한켠을 잔잔히 적신다. 아버지뿐인가. 숱한 세월이 흘러도 같은 여자로서 회상해 보게 되는 어머니는 손톱 밑의 가시처럼 언제 생각해도 마음 아픈 존재이다. 많은 자식들을 건사하면서도 한 번도 흐트러짐 없었던 어머니여서 더욱 그러하다.

이만큼 세월을 보내고 나서야 비로소 어머니의 아픔을 알게 된 나. 그야말로 무지하고 무심한 딸자식이 아닌가. 묵묵히 재봉틀을 돌렸던 까닭이 사랑채에서 들려오는 웃음소리를 막고 싶은 어머니의 몸짓이었음을…….

계절이 초겨울을 향해 자리바꿈을 하고 있다. 긴 그림자 드리우며 깊어가는 늦가을 밤, 둔탁하게 돌아가는 낡은 재봉틀에 서려 있는 어머니의 체취가 애달프다.

덜덜덜덜 덜덜덜덜…….

어느 덧 내 손은 멈췄는데, 밤을 새울 것만 같은 재봉틀 소리는 여전히 내 귓전을 울리고 있다.

재앙

봄이 요동친다. 나무와 풀이 빛나는 신록의 오월. 그 오월이 요동치고 있다. 메마른 가지위로 작열하는 태양이 뜨거운 열기를 쉴 새 없이 내 품고, 쩍쩍 갈라지는 대지 위의 풀과 열매는 깡그리 시들어가고 있다. 목마르게 기다려도, 기다리는 비는 오지 않고…….

가뜩이나 짧던 봄이 요즘 들어 그 꼬리를 아예 감춘 듯하다. 봄이 오는가 싶으면 여름이 얼굴을 바짝 내밀어 때마다 봄 가뭄, 아니 여름 가뭄을 함께 걱정해야만 한다. 오월임에도 벌써 몇 차례나 폭염경보가 내렸다.

엊그제, 시골에 있는 남편한테서 전화가 왔다. 아침 저녁 밭작물에 물주는 일로 남편은 시골집에서 하루하루를 보내고 있다. 나무는 제 잎을 죽여 열매라도 살리려는 듯 바싹 말라버렸는데 매실나무, 앵두나무 열매는 시들다 못해 결국 떨어지고 말았단다. 텃밭에 물을 줘도 끝이 없다면서 이제부터는 하나씩 포기를 해야겠단다. 무엇부터 단념해야 하는지 가슴이 아프다는 목이 멘 소리다. 며칠만 기다리면 행여 그새 비가 올지 모르니 그 때 가서 같이 결정을 하자면서 전화를 끊는다.

마당에 있는 잔디부터 단념을 해야 하나. 아니면 고추, 오이, 고구마, 가을 식물부터 포기를 해야 하나. 내가 제일 아끼는 화분속의 꽃들도 포기해야 하나. 내 가슴도 먹먹하게 저려온다. 정녕 오염된 지구는 보복의 재앙을 우리에게 내리는가 보다.

전원생활을 하기 전에는 남편도 부산에서 직장생활

을 했다. 그때는 물의 소중함을 지금처럼 알지 못했다. 그런데 시골에서 직접 농사를 지으니 그 심각성이 너무나 생생하게 느껴진다고 했다. 얼마 전에는 들깨를 옮겨 심었는데 뿌리를 내리지도 못하고 말라 죽었다. 물을 먹지 못한 상추는 그 잎도 자라기도 전에 씨앗부터 맺었지만 그나마 잎이란 게 억세고 볼품마저 없다. 자기소임을 다한다고 후세를 위해 열매 맺는 것을 보면 환경에 적응하는 식물의 희생이 참으로 경이롭다.

생태계가 변하고 있다. 봄인가 싶으면 벌써 여름이다. 지구를 보면 거대한 콘크리트 덩어리라고 부르는 게 낫다. 이 시멘트 지구는 인간들이 만들어낸 소산물이다. 현대문명의 편리함에 빠져 물색없이 개발한 인간들 때문에 자연과 인간 모두가 이 숨 막히는 고통을 당하고 있다. 시멘트와 콘크리트에 숨구멍이 막힌 땅은 비가와도 물이 스며들지 못한다.

하루가 다르게 늘어나는 고층건물은 하늘 높은 줄 모르고 치솟는다. 인간은 원래 흙을 밟고 자연과 함께 살아야 건강하건만 무자비한 개발을 감행하는 인간은 오직 편리함에만 중독되었다. 과연 이대로 간다면 지구가 인간을 용서할 수 있을지 의문이다.

지구 온난화의 직접적인 피해는 아프리카의 일부 나라에 국한되지 않는다. 만약 기후변화에 대한 적극적인 대응 조치 없이 지금과 같은 속도로 지구온난화가 가속화된다면 2100년경에는 지구평균 기온이 5도c 정도 상승해 히말라야의 빙하가 소멸될 것이라고 과학자들은 예측하고 있다. 해수면 상승으로 뉴욕과 도쿄 등 해안 도시가 물에 잠기는 대재앙의 시나리오도 허구가 아니다. 우리나라만 해도 생태계 변화와 함께 폭우와 폭염, 그리고 열대야 발생빈도가 현저히 늘어나고 있지 않은가.

오뉴월 가뭄에 세수 한 번 하고 쏟아 버리는 헹굼 물이 아깝게 여겨진다. 이 물을 모아서 목말라 하는 식물들에게 주면 혹독한 갈증을 조금이나마 해소시켜 줄 수 있지 않을까, 농작물 생각으로 간절하다. 그동안 얼마나 물을 아끼며 살아왔는지 스스로 반성해 본다. 밭에서 타들어가고 있는 농작물을 생각하면 마음대로 물을 낭비했던 행위가 부끄럽고 후회된다. 날마다 눈만 뜨면 목욕탕으로 달려가지 않았던가. 목욕탕은 물 낭비의 온상지다. 이제부터는 목욕 횟수를 줄이고 집에서 간단히 샤워만 해야지 싶다. 먹는 물도 아끼고 싶을 정도이다.

수도꼭지를 틀어놓고 물을 철철 넘기면서 쓰는 사람, 수도꼭지를 틀어놓은 채 설거지를 하는 주부들……. 물을 아낄 줄 모르는 사람들 때문에 재앙은 더 빨리 찾아오는 게 아닌가 하는 생각도 불현 듯 든다. 한 치 앞을 내다보지 못하고 개인의 편리와 유익만 생각하는 이기주의자들로 우리 모두는 변해버렸다. 아낄 줄도 모르고, 이웃이 잘 살건 못 살건 상관하지 않으며, 오로지 한솥밥 먹는 제 식구만 좋으면 다 된다는 식이다. 이웃이 건재해야 자기도 잘 살 수 있다는 원칙을 너무도 모르고 있다.

우리는 너나 할 것 없이 지구의 오염과 환경을 걱정

해야 한다. 그렇게 살아야만 후손들이 살아갈 수 있는 환경이 보존될 수 있다. 생각 없이 살다간 모두가 숨도 쉴 수 없는 환경오염에 시달릴 것이다. 거리에는 열기를 내뿜으며 아스팔트 위를 달리는 자동차가 갈수록 늘어난다. 식구 수대로 차를 소유한 가정이 많아진 탓이다.

더우면 더울수록 차량의 에어컨도 더 많이 켠다. 차 안이야 시원하겠지만 밖으로 내뿜는 열기는 온도 상승의 직접 원인이 된다. 마스크를 쓰지 않고는 거리를 다닐 수가 없는 현실이 오리라고 상상이나 해 본 적이 있었는가. 언젠가는 우리가 버린 쓰레기 때문에 국토는 점점 썩어갈 것이고 열대야도 더욱 빠르게 진행될 것이다. 공기도 사서 마셔야 하는 현실이 곧 도래할지도 모른다.

재앙이다. 나무와 식물, 오염된 바다의 물고기들이 죽어가고 있다. 그들이 살 수 없는 지구라면 우리 인간들 또한 살아가기 힘들다. 이 재앙을 막으려면 모든 사람들이 지구의 파수꾼이 되어야 한다. 곳곳에 나무를 심어 환경을 정화시키고 숲을 가꾸어야한다. 열대야의 주범인 이산화탄소와 인공구조물 환경오염을 점차 줄여 나가며 쾌적한 환경을 만들도록 최선의 노력을 다해야 한다.

거창한 것이 아니라도 나부터 작은 일 하나를 실천하자. 설거지 할 때 물 아껴 쓰기, 목욕탕에서 물 아껴 쓰기, 화장실 사용 시 한 번에 모아서 물 내리기 등, 일상생활에서 무심코 행해 왔던 생활방식을 하나씩 바꿔 보자. 캄캄한 어둠 속에서는 반딧불도 빛이 되는 것처럼 작은 일 하나라도 시작해 보기로 결심한다.

시골은 낭만이 아니다

해는 벌써 서산으로 넘어가고 있다. 어디선가 불어오는 해거름 바람이 비지땀을 식혀준다. 남편과 마주앉아 서로의 얼굴을 바라보니 피차에 농사꾼이 다 되었다 싶다. 꽃과 정원수를 심어서 비밀의 정원을 갖고 싶은 로망은 아직도 갈 길이 멀기만 한데…….

내가 가꾸고 있는 밭은 고향집에 있는 과수원이다. 어느 해부터인가 감나무가 오래 되어 몇 그루씩 캐어내다 보니 밭이 휑했다. 그곳에 감자를 심기 시작했다. 남편의 말인즉, 감자는 심기만하면 손이 덜 간다고 해서였다. 그랬더니 50박스 이상이나 수확을 하게 되었는데 감자를 캐는 일은 만만찮은 노동이었다. 더구나 감자는 제일 더울 때 수확을 해야 하고 무게 또한 얼마나 무거운지. 한 박스에 20kg되는 무게를 혼자 힘으로는 들 수조차 없었다.

우리 마을 밭은 모래땅이어서 다른 곳보다 감자가 타박하고 맛이 좋다. 그래서 도요 감자는 전국에서 특산품으로도 알려져 있다. 주말 농사로 수확한 감자를 첫 해에는 조금만 심어서 형제들과 자식들, 그리고 이웃에게 나눠 주니까 기분이 좋고 흘가분했다. 하지만 올해같이 농사가 잘되니 잘된 대로 애가 쓰일 줄이야. 배달도 쉬운 일이 아니었으며 처분도 힘들어 각 단체의 지인들에게 한 박스씩 맡겨버렸다. 남편은 너무 힘들다며 감자는 앞으로 절대 심지 않겠다고 손사래를 쳤다.

어느 하루, 장마가 시작된다고 하여 부리나케 감자를

캤다. 비온 뒷날에는 감자를 캐고 난 자리에 콩을 심어야 한다. 감자가 있었던 구덩이를 괭이로 고르고 콩을 심었다. 고온다습한 날씨에 콩을 심는 작업은 쉬운 일이 아니었다. 이마에서 땀방울이 비 오듯 흘러내렸다. 남편은 그만 일어나라고 재촉을 했지만 이왕 시작했으니 나는 빈 땅을 채울 때까지 콩을 심겠다고 고집을 부렸다. 팥. 검은콩, 메주콩, 세 가지를 심었다. 농사라고는 도저히 지을 수도 없을 것 같았던 여자가 이렇게 억척스레 일을 하다니 존경스럽다며 남편이 치켜세웠다. 나이가 들어 갈수록 빈 땅이 아까운걸 보니 나도 농사일에 조금씩 눈이 뜨여가는 게다.

해마다 파종하는 종류가 몇 가지씩 늘어났다. 이것도 심고 저것도 심자며 남편에게 자꾸만 주문을 늘여간 내 탓이다. 하지만 남편도 즐겨 응수했다. 약을 치지 않으니 결실이야 비교적 적지만 해마다 철마다 수확하는 기쁨이 수고의 대가보다 훨씬 크고 값지게 느껴졌다.

농사를 시작한지 어언 5년. 오늘따라 남편의 모습이

무척이나 여위어 보인다. 농사를 지은 지 몇 년이 지났건만 오늘처럼 땀 흘리고 헐떡이며 피곤해 하는 모습을 일찍이 본 적이 없었다. 생계가 밭에 달린 것도 아닌데 낭만으로 여겼던 시골 생활이 이렇게 우리를 힘들게 만들 줄이야. 아직은 자기 일을 가진 남편에게 농사일은 힘에 버거웠나 보다. 처음에는 취미생활도 되고, 낭만과 즐거움이라 여기며 좋아하더니 점점 노동으로 바뀌어가고 있음이 절감됐다. 무슨 슈퍼맨이라도 되는 줄 여기며 남편에게 이것저것 생각나는 대로 요구한 것이 괜히 미안스러워졌다. 그도 칠순의 나이에 접어들고 보니 별 수 없이 노년의 남자인 것을…….

노동의 대가로 꿈꾸는 우리 부부의 시골 낭만은 근원적으로 서로 다르다. 남편은 부모님이 물려주신 밭을 잘 가꾸어서 자식에게 대물림하고 싶어 한다. 하지만 나는 유실수와 꽃과 낭만과 음악이 흐르는 전원으로 가꾸어 내가 즐기고 싶은 소소한 바람이 있다. 누구든 한 번 오면 쉬어가고 싶은 곳. 또 다시 오고 싶은 기억의 장소로 가꾸어 노후의 낭만을 곳곳에 주렁주렁 엮어놓고 싶다.

언젠가 읽었던 타사튜더 할머니가 생각났다. 그녀는 행복은 자신이 만들어가는 거라고 말했다. 자연을 존중하고 노동의 가치를 소중히 여기며 자신의 꿈을 향해 한걸음씩 노력하는, 정말 소박한 삶의 철학을 가진 분이다.

원예가이며 아동작가인 그녀는 하루도 헛되이 보내지 않았다. 항상 정원을 부지런히 가꾸고 생각하며 일년 내내 꽃이 있는 '비밀의 화원'을 만들었다. 나도 그러고 싶다. 이것이 나의 진정한 로망이다. 나무와 꽃을 심고 먹을거리를 내 손으로 가꾸면 나를 중독 시키는 세속적인 모든 것들로부터 자유로울 수 있지 않을까. 지금까지 도시에서 누려왔던 명예와 사치를 버리고 욕심과 욕망으로부터 해방되어 나무처럼 흙처럼 살아가고 싶다.

봄이 오면 시골 밭둑에는 또 매화와 진달래가 피겠지. 여름이면 장미, 봉숭아, 접시꽃이 지천에 살랑거리며 더위를 식혀줄 것이고 가을이 오면 활짝 핀 코스모스와 국화가 나의 감성을 글감으로 인도 할 터이다. 또 무더운 여름을 잘 이겨낸 감나무, 사과나무, 배나무는 풍성한 결실을 맺어 나를 기쁘게 해주겠지. 혹여 어느 한 해 농사를 망치는 일이 있다 해도 농사를 쉬이 접지 못하는 이유는 바로 이런 것들에 대한 미련 때문이 아닐까.

감나무 사이사이 심겨진 배나무와 사과나무에서는 작년보다 더 많은 과실이 올망졸망 열렸다. 앙증맞게 달린 열매들을 보니 볼수록 귀엽다. 시골에 오면 일거리는 끝도 없이 널려 있고 부산 집으로 돌아가면 며칠은 녹초가 된다. 하지만 며칠만 지나면 시골의 모든 것이 눈에 아롱거려 또다시 시골로 발걸음을 재촉하고 만다. 마치 어린 자식을 두고 온 어미의 조급한 심정처럼.

내가 꿈꾸는 낭만의 정원을 완성하려면 남은 시간이 짧기만 하다. 그래서 다음 계절, 그 다음 계절을 상상하는 내 마음은 언제나 분주하다. 이제는 가지 수를 줄이고 농사는 즐기면서 지어야지, 결심하고 돌아서는 순간 내년 봄에는 블루베리를 심어볼까, 하는 욕심이 소리도 없이 스멀스멀 기어듦을 어쩌랴.

아직도

10년 전에 등단을 한 친한 친구가 있다. 우리는 그를 '시인'이라고 불러준다. 그 후 나도 글쓰기를 시작했다. 이제 등단한지 오륙년. 나는 어디쯤에 서 있는가, 명분이 궁금하다. 나는… 문인인가, 작가인가?

솔직히 작가로 불리어지고 싶고 작가라 말하고 싶다. 등단을 했으니 수필문단에도 이름이 올려졌고, 문인협회 회원이 되었고, 간간이 문예지에 내 글이 실리기도 한다. 하지만 내 이름이 박힌 책 한 권을 아직 출간하지 못한 게으름으로 하여 의기소침하다.

작가作家란 말 그대로 집을 짓는 사람, 곧 '창작하는 사람'을 뜻한다. 하지만 작가로서의 내면세계가 아직도 부족하고 책 한 권 내지 못한 나에게 '작가'란 명패는 그야말로 언감생심이다. 그럼 나는 뭐지? 생각을 아무리 굴려도 나를 대변할 수 있는 적당한 명사 하나가 떠오르지 않는다. 결국 아무것도 아니란 말인가. 딴에는 열심히 한다고 했는데 그 세월이 아무것도 아니란 말인가. 생각할수록 힘이 빠진다.

어떤 사람은 나를 '회장님'이라고 부른다. 또 어떤 사람은 '의원님'이라고 부른다. 이것들은 나의 과거에 해당하는 명칭이다. 각종 단체에서 20 여 년 넘게 봉사활동을 하면서 단체장을 맡고 구의원이 되면서 붙여진 이름이다. 이제는 다 지나간 일들이건만 한 번 불러준 호칭은 좀처럼 바뀌지 않는 모양이다. 그럴 때마다 내 마음 속에는 지금의 나는 무엇인지 매번 나를 향해 묻는 질문이 있다.

여전히 일주일에 한 번, 수필공부를 하러 다닌다. 가끔 친구들이 만나면 아직도 공부가 끝나지 않았느냐고 묻는다. 몇 년째 하느냐고 묻는 사람도 있고 만년 대학생이냐고 우스갯소리를 하는 이도 있다. 아직 배우는 사람이니 학생이 맞는 말이기도 하다. 그래… 나는 학생이다. 영원한 학생.

짧은 글 솜씨이지만 문인이라는 이름 덕분에 생긴 일 하나가 있다. 각 자치센터에서 실시하는 독후감 대회인데 문인이라는 명분으로 몇 년째 심사와 평을 맡고 있다. 구청장과 학교선생님을 모시고 매년 치르는 행사여서 연제구에서는 꽤 규모가 있는 행사이다. 그런데 이 일도 지금 생각하니 부끄럽기 짝이 없다. 명색이 문인이랍시고 으스대며 단상에 올라서 과감히 평을 했나 싶으니 얼굴마저 붉어진다.

친구가 시로써 등단했을 때 나는 그를 시인이라고, 문인이라고, 지인들 앞에서 열렬히 치켜세워 주었다. 문인이 무엇인지, 작가란 어떤 활동을 하는지 제대로 알지도 못하면서… 그런데 내가 정작 문인이 되고 보니 책 한권 내지 못한 사람이 '작가'라는 말을 듣는 것은 맞지 않는 옷만큼이나 불편하고 쑥스러운 것임을 알게 되었다. 그러니 '아직도' 책 한 권 내지 못한 내 입지가 얼마나 부끄럽고 한심한 것인지… 책을 이미 펴낸 문우들이 한없이 부럽고 커 보였다.

나는 어렸을 적부터 무엇이든 배우는 것을 좋아했다. 열심히 배우기만 하면 뭐라도 될 수 있을 것 같아서였다. 더구나 이제 나이를 먹을 만큼 먹으니 그 열정의 끝에서 남에게 부끄러운 존재가 되기 싫다는 자존감으로 가득하다. '하면 된다.'는 내 어릴 적 신조처럼 무엇이든 저질러 보자. 그래야 결과가 있다, 고 생각했다. 끝까지 당당하게 살 수 있도록.

이 일을 위해서 지금의 나는 새로운 명함 하나 갖기를 희망한다. 내 이름 석 자 앞에 '작가 김○○' 이라는 새로운 호칭 하나, 갖고 싶다. 이것이 지금의 가장 솔직

한 내 욕망이다. 그게 의원이나 회장보다 더 되기가 어려운지, 가치가 있는 것인지는 모르나, '나는 무엇인가?' 하는 질문 앞에서 '작가' 라고 당당하게 대답하고픈 갈망이 날마다 용솟음친다.

아직은 부족한 글 솜씨이지만 내게는 나의 꿈을 지지하는 남편과 아들딸이 있다. 제 친구들에게 나를 소개할 때, 자식들은 "우리 엄마는 작가로서 꼭 성공할 사람이니 잘 기억해 두라"며 몇 번이고 곱씹어 확인시키기도 한다. 처음 수필을 시작할 때만 해도 오래갈까, 하고 자식들은 반신반의하는 표정이었다. 하지만 오년이라는 해수가 넘어설 즈음부터는 우리 엄마는 승부욕이 강하니까 꼭 작가가 될 거라는 믿음을 보이면서 내게 거는 기대치가 만만치 않았다.

뒤에서 지켜보는 사람이 많으면 어깨가 무거워지는 법이다. 우리나라에서 이름을 날리지 못하면 부산시에서, 그것도 안 되면 내가 몸 담고 있는 구에서라도 작가라는 이름으로 나를 대신하고 싶다. 친구들에게 작가란 명함을 건네주고 싶고, 가족들에게도 의지와 갈망으로 이루어낸 내 꿈을 보여주고 싶다. 조금만 기다려라. 작가의 아들이고 딸이라고 당당하게 소개할 수 있게 해주마, 매일매일 다짐을 한다.

사람들은 살아가면서 각자의 꿈을 키운다. 이 꿈이 꿈으로 끝나는 사람도 있지만 꿈을 현실로 만들어내는 사람도 있다. 꿈이 꿈으로서 끝난다면 진짜 꿈이 되어버리지만 꿈이 실체가 될 때 그 꿈은 비로소 비전이 되는 것이다. 내게도 목표가 있고 꿈이 있으니 삶의 활력소가 넘쳐난다. 인생의 황혼에도 끝까지 꿈을 가지고 있다는 것이 얼마나 축복인가. 최선을 다하며 살아가는 엄마이자 작가로서의 참 모습을 보여주고 싶다. 언제까지나 '되고 싶다'는 꿈이 주는 이 무한한 설렘을 끝까지 놓지 않고 가리라.

떠나는 계절

밤이면 귀뚜라미 울음소리가 더욱 요란하다. 과소비하듯 소모되는 세월. 벌써 가을이다. 가을은 어디론가 떠나야할 것만 같은 충동을 주는 계절이다. 이 계절에 나는 가까이 지내던 한 분을 슬프게도 떠나보냈다.

큰어머니는 담낭 암을 앓았다. 올해 여든 살인데 5년전 큰아버지가 돌아가신 후에 도 혼자서 많은 농사를 지었다. 자식들에게 나눠주는 재미로 고된 농사도 마다 하지 않으셨던 것이리라.

큰 어머니는 열여덟 살에 결혼을 하여 슬하에 여섯 명의 자식을 두었다. 종갓집 맏며느리로서 층층시하에 무려 열두 명의 대식구를 보살펴야 하는 혹독한 시집을 살았다. 농사일도 많았지만 방앗간도 하고 있어서 농사 일을 마친 후 방아를 찧으면 새벽 2시가 넘어서야 하루 일을 끝낼 수 있었다고 했다. 지금이야 집집마다 방아 찧는 기계가 있다. 하지만 그 당시만 해도 방아 찧는 기계는 큰집밖에 없었다. 그러나 언제 치워두었는지 집 안은 항상 정리정돈이 잘 되어있었고 살림살이는 반들 반들 윤이 났다. 나 역시 맏며느리로서 시동생들을 모두 데리고 살았기에 누구보다도 큰어머니 마음이 잘 만져졌다. 동병상련同病相憐이랄까.

한번은 녹두죽을 쑤어 큰어머니께 가져갔다. 소화가 잘 되지 않는다던 큰어머니는 맛있게 잡수시고는 고맙다, 하면서 된장 한 사발을 퍼 주셨다. 어찌나 빛깔이 좋고 맛이 있던지 올해는 된장 담는 법을 꼭 배워야겠다고 생각했는데 그만 먼 길을 떠나가신 것이다. 이것저것 살림살이를 가르쳐 주시고 우리 밭의 콩이 잘되었다는 내 자랑도 기특하게 받아주시던 모습이 눈에 선한데, 이렇게 갑자기 세상을 뜨시다니…….

내가 시골에 살 수 있도록 큰 힘과 용기를 주신 분은 큰어머니였다. 밭작물은 어떻게 심어야 하는지, 언제쯤 거둬야 하는지, 농사짓는데 필요한 모든 지식에서 나의 스승이자 멘토가 되어 주셨다. 농사뿐 아니라 인생에서도 배워야 할 것이 아직 많은데 이렇게 빨리 가실 줄이야. 아쉬운 것이 하나둘이 아니다.

가을에는 떠나보내는 슬픔이 깃들어 있지만 한편으로는 결실의 풍성함과 기쁨이 있는 계절이다. 콩과 고구마, 결명자를 거두어들이는 기쁨이 있고 배추와 무를 뽑아 김장을 담는 기쁨이 있고, 보기만 해도 풍성한 호박이며 콩이며 고구마, 야콘을 거둬들인 자루를 창고 가득 두었다가 친구들에게 나누어주는 기쁨이 있는 계절이다. 거실 문을 열면 앞마당에 핀 국화꽃이 눈과 마음을 기쁘게 하니 고맙고, 잘 익은 단감 먹을 생각에 입맛 다시는 기쁨에 고맙고, 여름에 흘린 땀이 풍성한 결실로 맺어지니 고맙고, 저 멀리 단풍으로 물든 앞산이 내 눈을 호사시켜 주니 고맙다. 내 인생도 지금 이 가을처럼 익어가고 있다. 그리고 떠남이 다가온다 해도, 오늘 나누고 갈 것이 있는 이 기쁨으로 인해 또한 감사할 일이다.

흔히들 사람이 살면서 제일 깊이 있는 삶의 나이는 65에서 75세라고 말한다. 이 나이를 계절에 비유한다면 가을일 것이다. 영원히 함께 있을 것 같던 자식들도 하나둘 내 품을 떠나고, 백 년을 함께 살자 맹세했던 부부도 앞서거니 뒤서거니 떠나게 될 것이다. 삶에서 가장 분명한 결론은 일회적인 삶을 살다가 우리 모두는 떠난다는 것이다.

큰어머니를 보냈고, 언젠가 다음번에는 내가 이 세상 밖으로 떠나야 하는 날이 오겠지. 인생은 연장전이 없으니까…… 그게 언제이든 부디 잘 살고, 잘 보내고, 잘 떠나자. 이젠 가을도 떠나보내야지 겨울이 문밖에서 기다리고 있다.

제2부

비포장도로

매니저

생각할수록 잠이 오지 않는다. 이리저리 뒤척이다가 결국엔 자리에서 일어나고 만다. 어제 저녁 딸에게 퇴근하고 잠깐 들리라고 했건만 바쁘다는 핑계로 그냥 자기 집으로 가버리고 말았다. 하긴 결혼을 했으니 저도 성인이요, 내손에서 벗어날 때가 지났으니 내 파워가 예전 같기만 하랴. 그래도 괘씸하기 그지없다.

며칠 전부터 딸에게 계속적인 압력을 넣고 있는 중이

었다. 예전에 공부하다가 그만 둔 것이 있었는데 결혼을 하면 다시 하겠노라고 약속을 받아두었었다. 하지만 결혼한 지 벌써 2년이 지났지만 아무리 채근해도 대답뿐, 시작할 뜻을 선뜻 내비치지 않는다. 결혼을 하기 전에는 마음이 정리되지 않아서 못 하겠다고 하더니, 결혼을 하고 나니 또 다른 핑계를 대며 세월만 끌고 있는 것이다. 내 마음은 애가 타는 촛농인데 정작 본인은 바쁘다는 핑계만 대고 있다. 시간은 바쁠 때 내는 것. 한가하면 잘 할 것 같지만 오히려 더 미루게 되는 것이 시간인데 말이다.

자식에게 있어 내 역할은 기꺼이 자원한 매니저이다. 이런 나의 지론에 의하자면 미래를 안정적으로 보장받기 위해서는 남보다 앞서가야 하고, 또 지금 좋은 직업이 미래에도 좋은 직업이 된다는 보장이 없다고 본다. 좋은 예로 사법고시에 대한 환상의 변화이다. 십 여 년 전만해도 모든 사람의 선망의 대상이었던 변호사 직업이 희망직종 1위의 자리를 넘겨준 지 오래다. 로스쿨에서 공부하는 사람들도 중도에 포기하고, 진로를 바꾸는 사람들이 있다. 수요보다 공급이 많아질수록 희소성이 떨어지기 때문이다.

지금은 무한경쟁의 시대이다. 밥벌이가 괜찮다고 하면 너도 나도 자격증을 따기 위해서 줄을 선다. 이대로라면 앞으로 십년 후엔 자격증 포화 시대가 도래 하지 않겠는가. 한창 물오르고 빤짝이던 직업이 몇 해도 가지 않아 이내 인기가 없어지고 상상도 하지 못했던 새로운 직종이 판을 친다. 그러니 남보다 더 빨리 '내일'과 '내 일'이 이끄는 삶을 위해 앞을 내다보고 선점하지 않으면 미래 지향적인 삶이란 도무지 기대할 수 없게 된다.

부모가 되고 보니 나도 별 수 없다 싶다. 안정을 첫째로 꼽는 보수적인 사고의 틀 안에서 벗어나지 못하니 말이다. 하지만 빈곤의 시대를 거치며 살아온 나는 이보다 더 절실한 것이 없어 보임을 어찌하랴.

7080시대의 급변하는 회오리 속에서 나는 하고 싶은 것이 무척이나 많았다. 하지만 부모님은 자식도 많았고

특히 내가 여자라는 이유로 마음 써줄 여유가 없었다. 아니, 노력을 한다고 해도 금전적인 뒷받침이 되지 않으니 내 밥그릇은 내가 챙기겠다고 악악거려본들 역부족이었다. 그러니 힘을 보태어주겠다고 해도 어깃장 놓고 있는 딸을 보는 내 마음이 얼마나 속 터지겠는가. 보다 나은 직업을 가지고 그 분야에서 프로가 되어 멋지게 살아 주기를 바라는 어미의 심정을 도무지 몰라주니 말이다.

매니저 맘의 고민은 끝이 없다. 딸이 감정평가사 자격을 취득한지 채 2년밖에 되지 않았지만 나는 또 다른 안달을 내고 있다. 이 일이 십 년 전만 해도 꽤 수입이 좋았지만 벌써부터 희소성이 떨어지는 변화를 조금씩 보인다. 생각해 보면 딸애가 어정거리는 동안 모든 것이 늦어져 버린 셈이다. 결혼도 늦어졌고 경제적 기반 쌓는 일도 계획보다 더디다. 그러니 대학 강단에 서기 위해 밟아야 할 박사코스도 지금 시작하지 않으면 또 늦어질 것이라는 조바심 때문에 나는 속이 탄다.

아들 매니저로서의 고민도 끝이 없다. 90년대, 당시 대학 일학년이었던 아들은 캐나다로 일 년간 떠나 있게 되었다. 당시 부잣집 자녀가 아니면 가기 힘들었던 어학연수를 아무도 몰래 적금해 두었던 비자금을 털어서 보냈다. 남편은 아직 어리다면서 몹시 반대를 했지만 내 고집을 꺾지는 못했다. 일 년 공부를 마친 뒤에도 방학이면 두 달씩 여섯 번을 해외로 보내어 견문을 넓힐 겸 어학공부를 계속시켰다.

대학 졸업한 후 아들은 첫 직업을 교육 공무원으로 출발했다. 중학교 행정실에 발령을 받아서 근무를 하게 되었지만 2년간 근무를 하더니 적성에 맞지 않는다며 그만 두었다. 어이가 없었다. 그렇게 안정되고 좋은 직업을 버리다니! 남편에게는 이 사실을 어떻게 이해시켜야 할지 쉽게 털어놓을 수가 없어서 다른 여러 사람들에게 자문을 구해 보았다. 나이가 지긋한 분들은 절대로 사표를 내서는 안 된다는 쪽이었고, 젊은 사람들은 자기가 하고 싶은 것을 하라며 자식을 믿어 보라고 권하였다. 결국 절반의 찬성이요, 절반의 반대였다. 그러나 무엇보다 자신이 하는 일에 마음이 떠난 아들을 보니 어쩔 수 없다는 결론을 내렸다.

"마음대로 해. 대신에 반드시 이보다 좋은 일을 찾아내야 한다."

아들은 그날로 미련 없이 사표를 내고 돌아왔다. 그 후, 몇 군데 더 취직을 했지만 개인회사를 다니는 일은 시간 좋은 공무원보다 몇 배나 견디기 힘든 근무조건이었다.

다행히 그 얼마 후 아들은 공채로 대기업에 입사하게 되었다. 당시엔 영어를 잘하면 대기업에 들어가기가 조금은 쉬웠다. 방학 때마다 어학연수를 보낸 것이 단단히 한 몫을 한 모양이다.

지금은 안정적으로 직장을 다니고 있는 아들을 보고 있으면 적잖이 회심의 미소가 지어진다. 그때 외국에 보내지 않았더라면 어찌 되었을까. 미래를 위하여 지혜롭게 투자한 것이 없으면 미래가 현재가 되었을 때 희망을 만나기란 어려운 법이다. 아무튼 자식이 알아주든 몰라주든 제대로 기획을 해주었다는 매니저된 자부심에 스스로 만족한다.

계란은 스스로 깨면 생명이 되지만, 남이 깨면 요리감이 된다고 했다. 사회인으로서 스스로 더 멋지게 발전해 갈 자식들을 기대하며 나의 매니저 역할도 이제는 그만 둘 때가 되었다. 그리고 필요하다면 아들의 아내에게, 딸의 남편에게, 매니저 역할을 물려줌이 마땅하다. 아니, 아니, 무엇보다 자기 인생의 주인은 유일한 자신이어야 하니까 스스로 미래를 책임지는 멋진 사람들로 살아가기를 기대해 본다.

나의 애마

마음보다 몸이 먼저 달려간다. 나의 애마도 주인 맘을 아는지 앞질러 끼어들기를 서슴지 않는다. 한창 수다를 떨며 나를 기다리고 있을 친구들의 얼굴이 햇살과 함께 차 앞창에 부딪히고 흩어졌다.

경성대 앞 삼거리에서 수영 쪽으로 가는 도로 위를 달리고 있을 때였다. 꽝, 하는 소리가 났다. 순간 애마는 제 길을 이탈하여 앞에 서 있던 트럭 밑으로 들어가고 말았다. 순간 정신이 번쩍 들었다. 정차 중인 앞차가 신호를 기다리고 있었건만 마음이 급해서 미처 보지 못했다는 것을 알았다.

사건의 심각성은 운전석에서 내리고 나서야 알았다. 앞 범퍼가 심하게 부서져서 다시는 달릴 수 없을 정도인 것도 직감했다. 트럭운전자는 내려서 차를 점검했고, 이내 경찰 두 명이 와서 내 손가락에 심장 맥박기를 끼우고 박동 수를 쟀다. 맥박 수도 체크했다. 그리고 다친 곳이 없는지 살펴봐 주었다.

다행히 몸은 아무 일도 없었던 것처럼 멀쩡했다. 경찰들은 신기하다는 표정이었다. 자고 나면 아픈 데가 생길 수 있다며 일단 병원에 가보라고 했지만 참새처럼 놀란 가슴이 된 나는 한시바삐 사고현장에서 벗어나고 싶은 심정 뿐이었다.

조급한 마음에 괜히 서둘러 나왔다는 낭패감도 들었다. 이곳으로 오기 전에 만났던 지인들과의 자리를 채 파하기도 전에 서둘러 일어섰는데 차라리 그곳에서 커

피라도 마시고 천천히 나왔으면 이런 사고가 없지 않았을까. 그보다 조금 느긋하게 행동하여 안전운전을 하였다면 이런 일이 발생하지 않았을 텐데. 아니, 여러 가지 일을 동시에 신경 쓰다 보니 이런 꼴을 당했다는 마음까지, 도움도 되지 않는 갖가지 후회가 해결책도 없이 실타래처럼 엉켰다.

연말이라 연일 모임이 무척 잦았었다. 그동안 못 만난 친구들은 해가 바뀌기 전에 한번은 얼굴을 보고 지나가야 한다고 성화였다. 차일피일 미루다 보니 결국 하루 몇 탕을 뛰지 않으면 정말 못 보고 지날 판이 되었다. 하지만 오늘은 하늘이 말렸나 보다. 아끼는 나의 애마는 아작 났고, 친구들을 만나는 일은 물 건너갔고, 나는 사고 현장에서 정비소로, 병원으로, 바쁘게 옮겨 다녀야 했다. 급할수록 둘러가라는 말이 오늘처럼 절실히 생각된 적도 없었을 터이다.

상이용사가 되어버린 나의 애마는 마티즈다. 연산동에 있는 GM 대리점에서 구입했는데 소형차가 꽤 인기 있을 무렵이었다. 한쪽에 다부지고 얌전하게 앉아 있는 모양새가 마음에 쏙 들었다. 하긴 이 차를 몰기 전에 운전한 차도 소형이어서 부담 없이 결정할 수 있었고 금방 친숙해질 수 있었기도 하다.

앞 범퍼가 많이 부서졌다. 하지만 이 정도는 견딜 만하다는 듯 내 차는 마지막 남은 자존심을 지키며 도로 한 가운데 퍼질러 앉았다. 아니 어쩌면, 구겨진 이마를 살벌하게 내보이며 자기 임무는 여기까지라고 나한테 시위라도 하는 것일까. 작지만 야무지던 녀석. 채찍만 들면 어디든지 달려 주었는데 이젠 별 수 없이 끝인가 여겨지니 그동안 혹사시킨 것이 미안하기까지 하다.

이윽고 견인차가 왔다. 어느 정비소에 갈 것인지 재촉을 하더니 차를 끌고 연제구에 있는 정비소로 갔다. 수리비가 160만원이란다. 8년이나 동고동락을 했지만 십 년을 채우지 못하고 이렇게 우리의 인연이 끝나야 하다니. 깨끗하게 세차 한번 해주지도 못했는데…… 고맙다는 인사도 살갑게 나누지 못했는데…… 주인인 나만을 기다리며 대기하고 있다가 어디든지 충성스럽게 동행해 주었는데…… 그대로 폐차 처분해야 한다는 게 마음에 걸렸다. 고쳐서 써야 하나? 생각할수록 마음이 복잡하고 저려왔다.

얼마 전부터 가족들은 더 이상 운전을 하지 말라며 극구 말렸었다. 그러더니 최근 들어 부쩍 더했다. 하지만 삼십 년 운전경력에 직접 사고를 낸 것은 이번이 처음인데 이 일로 운전을 그만 두다니. 차가 없으면 불편한 게 어디 한둘인가. 남편은 자기차를 같이 타자고 했다. 물론 운전을 손 놓으면 홀가분할 수도 있겠지만 그 결정이 내겐 그리 간단하지 않았다. 벌써부터 편안한 것에 내 몸이 점령당하면 어쩌나 하는 염려, 전부터 가지고 싶어 하던 미니쿠퍼를 이 기회에 구입해 볼까 하는 마음속의 유혹, 이번 기회에 큰 차를 한번 사볼까. 하는 생각 등 여러 가지 이유로 망설여졌기 때문이다.

다시 다른 생각이 고개를 쳐들었다. 큰 차는 주차가

부담스럽지 않을까, 이미 내 몸은 작은 차에 길들여져 힘들지 않을까, 정말 이 기회에 운전을 그만 둘까……. 결론은 '새옹지마'다. 잘못된 일이 다시 잘될 수 있고, 잘 되는 일이 다음에는 잘못될 수 있다. 운전도 마찬가지이다. 사고를 경험함으로써 문제점을 찾고 그것을 명심하고 조심한다면 안전 불감증을 치유하고 앞으로 나를 더욱 훌륭한 베스트 드라이버로 만들어 갈 것이다.

나는 용기가 있는 사람이다. 이번 실수를 변곡점으로 삼아 최대한 발전적으로 활용해야 한다. 이대로 안주할 수는 없다. 나는 사고를 두려워하지 않는다. 나는 할 수 있다. 주문을 외듯 반복해서 세뇌시키며 소리쳐 보았다. 그리고 결심했다. 애마는 아쉽게 떠나보냈지만 나는 새로운 애마를 선택하고 안전하게 다룰 수 있는 훌륭한 기수가 되리라고.

적금

큰어머님이 돌아가시고 난 후 큰집 대문은 굳게 닫혀버렸다. 명절 때마다 산소에 찾아오는 당숙부들과 사촌들이 고향에서 갈 곳을 잃었다. 큰집 조카들이 모두 외지에서 살고 있는 탓이다.

부모들이 한 분도 안 계시는 사촌 시동생과 조카들을 볼 때면 가슴이 짠하다. 육남매를 모두 출가시켜 자식들을 앞세우고 "형님, 형수님" 하고 우리 집에 들어올 때면 훈훈한 정과 가문의 화목을 한아름 몰고 들어오는 것 같았다. 떠나버린 빈자리를 느끼면 내 삶도 개울물에서 시냇물을 거쳐 강물에 도달할 때가 거의 다 되지 않았나 하는 생각이 든다.

질부야, 대접 잘 받고 간다. 올해 추석이 끝난 후 오촌 당숙부들의 작별인사가 정답다. 형수님 애 많이 쓰셨습니다. 항상 고맙게 생각합니다, 라는 시동생들의 인사도 왠지 가슴 뭉클하게 들린다. 그 말 한 마디에 나는 떡잎 같은 존재가 아니고 뿌리를 단단히 내린 나무가 되었다는 자부심이 일어선다. 원래는 큰집에 큰어머니도 계셨지만 재작년에 돌아가신 이후, 나는 큰집 아닌 큰집 역할을 하게 되었다.

요즘은 명절이 되면 조상들이 만들어 놓은 명절이 싫다고 아우성들이다. 언제부터 명절증후군이 생겼는지, 제사를 절에다 올려놓고 외국여행을 가는 사람들도 갈수록 늘어난다. 편하게 살고 싶은 것이 꼭 나쁘다고는 할 수 없지만 뿔뿔이 헤어진 가족들을 만나는 전통명절이 푸대접 받는 것만 같아서 마음 한 구석이 아릿하다. 가족이야말로 우리가 살아가는데 뿌리가 되고 삶의 원동력이 아닌가 말이다. 조금만 참고 양보하면, 그래서 이삼일만 고생하면 다시 일상으로 돌아가게 되는데…… 은근과 끈기의 민족정서는 이제 옛말이 되어버린 것인지. 서로가 상대를 조금만 배려하면 형제들 간에 우애도 더욱 단단해지는 관계설정의 좋은 징검다리가 될 텐데 하는 아쉬움을 떨칠 수가 없다. 밀가루 반죽처럼 뭉치고 비벼야 맛있는 음식을 만들 수 있듯이, 인간관계도 이런 과정을 거쳐야 만이 서로의 감정을 녹여 하나가 될 수 있는데 제대로 된 감정이입이 도무지 전달되지 않는 모양이다.

인간관계 중 가장 힘든 것은 고부 갈등이 아닐까. 이 감정은 세월이 지나도 좀처럼 해결되지 않는다. 누구나 며느리가 되고 세월이 흘러가면 시어머니 입장이 되는 법인데 이 자연스런 위치 바꿈을 경험하면서도 좀처럼 나아지지 않는 이유는 무엇일까. 아마도 다가올 미래는 생각하지 않고 눈앞에 보이는 것에만 집착하는 속 좁은 아집 때문이 아닌가 한다. 즐거운 집안 모임이 싸움의 씨가 되고 마는 형세다.

고부갈등은 동서 간을 막론하고 지구가 존재하는 한 계속된다. 시어머니와 며느리 사이를 서로에게 적금을 드는 관계로 비유해 보면 어떨까. 뿌린 대로 거두게 되는 것처럼 미움을 적금하면 미움을 타게 되지만 사랑을 적금하면 사랑을 타게 된다. 당연히 몇 배의 이자를 붙여서.

우리 시댁은 김해 도요에 있었다. 오지 중에 오지였는데 부산 집에서 출발하면 버스, 기차, 나룻배를 차례로 거쳐야 했다. 비행기만 타지 않는 셈이다. 기차에서 내려 나룻배를 타기 위해 강둑을 걷는 길이 삼십분쯤 걸렸고, 한 시간에 한 번 있는 나룻배를 타고 내리면 또 다시 도보를 한 시간 이상 걸어야 본가에 도착할 수가 있었다. 처음엔 멋모르고 구두를 신고 갔다가 비포장 시골길을 걷노라 십 분도 못 가서 맨발로 길을 걸었고 저만치 시댁 동네의 어귀에 들어서면 그제야 다시 구두를 신고 본가까지 절뚝거리며 갔다.

나룻배는 손님이 적으면 정한 시간에 맞추지도 않았다. 겨울이면 매서운 칼바람이 뼛속을 파고들었다. 허허 벌판에 사방에서 불어오는 강바람을 무엇 하나 막아줄 것이라고는 없었다. 기다리다 지친 우리가 “사공아저씨”하고 목이 터져라 몇 번이나 부르면 저 건너편에서 겨우 배를 저어왔다.

시골의 추위는 지금 떠올려도 무엇으로 표현할 수가 없다. 온방장치라곤 군불이 전부여서 방바닥은 뜨끈뜨끈했지만 문풍지에서 들어오는 찬바람은 막을 도리가 없었다. 멋 부린답시고 내의를 입지 않았던 나는 불어오는 칼바람을 송두리째 몸으로 들이켰다. 걸레를 윗목에 두고 자고나면 아침에 꽁꽁 얼어있던 기억도 있다. 정말 민속촌에서나 봄 직했던 시골의 진풍경. 이런 곳에서 살아온 세월이 자그마치 20년이다.

장남 며느리인 나는 부모님 마음에 드는 구석이 없었

다. 연애결혼이었지만 시골 체질도 아니고 체격도 작아서 일을 부리기에 부실해 보였기 때문이리라. 명절날 차례를 지나고 나면 시어머님은 내 밑의 동서들만 친정에 가도록 보내주었다. 나는 한 번도 친정에 보내주지 않았는데, 세배하러 오는 손님을 접대하도록 나를 남겨두고 작은 며느리 들만 보내 주었다. 그땐 친정 가는 동서들이 얼마나 부러웠던지. 정월 초하루 시골 강바람이 눈물 나도록 내 마음을 삭막하게 파고들었던 생각이 난다.

은행 적금만 적금이 아니다. 살아가면서 우리가 행하는 모든 일이 적금 행위이다. 물질만이 적금행위가 아니고 보이지 않는 부모자식의 정, 우정, 이웃 간의 정도 적금으로 쌓인다. 베풀지 않으면 쌓이지 않는 것이 정이고 사랑이다. 많이 베푼 사람은 어려울 때 어려움을 이겨내는 힘이 생길 것이고 따뜻하고 외롭지 않은 노후를 보장받을 수 있지 않을까.

그렇게도 불어대던 강바람이 세월 탓인지 많이 약해졌다. 오지였던 이곳은 공기가 맑은 곳으로 인정받았고 김해에서 최고의 청정지역으로 손꼽히게 되었다. 그동안 속으로 삭여낸 시간들이 지금에 와서 금 쪽같이 귀해졌다. 여러 가지 농작물을 심어서 자식들과 지인들한테 나눠주며 살아가는 전원생활도 즐겁다. 시골에 집을 짓고 농사를 지으면서 시어머님을 조금씩 이해할 수가 있게 되었고, 고향땅을 물려주신 부모님께도 감사하는 마음이 생겼다.

나는 며느리한테 어떤 적금을 넣고 있는지 알 수가 없다. 내 딴에는 한다고 하고 있지만 상대가 어떻게 받아들이고 있는지 모른다. 하지만 힘이 있는 한, 더 많은 적금을 붓는 마음으로 직접 지은 농산물과 반찬을 만들어 보내곤 한다. 이번 겨울에도 잘 기른 무공해 배추로 김장을 담가서 자식들 집을 순회해야지. 한해의 적금이 또 늘어남을 기뻐하면서.

봄이 오는 소리

지난겨울은 유난히 추웠다. 유리창을 뚫고 들어온 매서운 바람에 식구들은 주눅이 들었다. 거실에 온풍기를 틀어놓고 두꺼운 옷을 입어서도 등이 시렸다. 그래도 새로운 계절을 알리는 봄은 어김없이 온다.

봄비가 소리 없이 내리고 있다. 누가 먼저랄 것도 없이 메마른 가지 여기저기 싹들이 돋아난다. 겨우내 바싹 말라붙은 쑥대 밑에서 파란 싹이 돋아난다. 꽃샘바람을 맞은 쑥대가 새싹을 보호하고 있다. 그래서 약동하는 봄은 언제나 신비롭다.

거실에 있는 화분을 밖으로 내다 놓았다. 기나긴 겨울동안 거실에서 답답한 공기를 마시며 물조차 제대로 먹지 못한 화분들이다. 조용하던 마당에 내리는 봄비가 부산스럽게 내린다. 봄비로 목욕을 한 화분 속 꽃들이 서로 안부를 묻는다. 갑갑한 거실에서 겨울을 보낸 꽃나무들은 저마다 기지개를 펴면서 봄이 온 것이 무척이나 좋은 모양이다. 서로서로 주고받는 이야기는 저마다 새싹 틔울 이야기로 반갑게 인사를 나눈다.

매화가 조금씩 봉우리를 틔우며 제일 먼저 봄 인사에 나섰다. 겨울 추위에도 얼지 않고 이렇게 꽃망울을 예쁘게 피우느냐며 꽃대를 올린 난이 매화에게 칭찬을 한다. 추운 겨울에도 얼어 죽지 않고 이렇게 건강하게 살아서 모든 만물에게 제일 먼저 봄소식을 전하는 것이 우리들의 삶이야, 매화는 한껏 뽐내면서 화답한다. 우리는 거실에서 따뜻한 겨울을 보낼 수 있었지만 물과 햇볕은 조금밖에 먹지 못했어, 천사나팔이 덩달아 한 마디 거들며 투덜댄다. 햇살과 따뜻한 바람을 맞은 나팔꽃이 애기들도 바깥에 내 보낼 준비를 해야겠다며 서두른다. 만다빌라와 캄파룰라는 집이 비좁은 탓에 싹을 다 틔우지 못했다며 가만가만 속삭인다. 새싹을 틔우고 새순을 내보낼 생각에 꽃들은 긴긴 겨울이 지루하지도 춥지도 않았나보다.

인생사에게 귀중하고 값진 선물은 생명이라지 않던가, 그들이라고 난관에 부딪치지 말라는 법은 없다. 또다시 꽃샘추위가 찾아오거나 불시에 찾아온 외부 상황이 그들을 무참하게 꺾어버릴 때가 없지 않다. 그래도 태양이 빛나는 한, 따뜻하게 감싸줄 희망이 있다는 것을 저들은 안다. 저마다 미래에 부풀고 아름다운 자태를 뽐내면서 꽃들은 각양각색의 색으로, 모습들로 피어날 것이므로,

오늘 아침 또다시 꽃샘추위가 찾아왔다. 천사나팔 잎은 꽃샘추위에 잠시 주춤해졌다. 옆에 있는 꽃들에게

속삭인다. 만다빌라야, 올해는 왜 이렇게 늦게까지 춥지? 아마도 우리 주인이 우리를 너무 일찍 밖으로 내보낸 게 아니야?

옆에 있는 캄파룰라에게도 말을 건넨다. 캄파룰라는 조금만 참아 보라고 하면서, 그래도 한 낮엔 태양이 우리를 따뜻하게 품어주지 않느냐며 다독인다. 토닥토닥 두런두런. 저마다 새싹 틔울 준비에 한껏 들떠있다.

올 봄엔 나도 백년손님을 맞이해야 한다. 딸이 결혼을 하게 된 것이다. 언제 알아차렸는지 꽃들도 한마음이 되어 손님 맞을 채비를 하느라 여념이 없어 보인다. 그런데 정작 기뻐해야 할 내 마음이 아끼던 풍선 하나가 터진 것처럼 허전하다.

내겐 꽃 같은 딸이었다. 변함없는 친구 같은 존재였다. 조금 더 내 곁에 머물다 가면 좋으련만 결혼부터 하고 싶다고 안달이다. 딸은 부산에서 대학을 나와서 서울에서 대학원을 마친 다음, 오 년이나 공부하여 감정평가사 자격을 땄다. 그런데 직장에 들어간 지 몇 개월

만에 결혼부터 한다니 왠지 모르게 아쉽고 섭섭한 생각이 든다. 딸에게 아파트 한 채 값을 투자했는데 그야말로 밑지는 장사다. 투자를 했으면 본전은 아니더라도 결혼 비용은 벌어서 가면 좋으련만 결혼부터 하겠다고 설치니 말릴 수도 없다.

신랑 될 사람은 같은 시험에 합격을 해서 다른 법인에 근무하는 사람이다. 그는 딸애를 보자마자, 결혼을 하자고 따라 다녔다. 됨됨이를 살펴보니 성격이 차분해 보였다. 내 딸을 진심으로 아끼고 사랑해 주겠다고 내 앞에서 몇 번이나 다짐도 했다. 그보다 더 좋은 약속이 어디 있겠는가. 과감히 오케이 하고 결정을 내렸지만 서로들 공부하느라 결혼 준비가 되지 않았다. 딸 가진 부모 입장에선 어떤 사람도 만족하지 못한다는 친구의 말이 새삼 생각났다. 살아보지도 않고 이렇게 값진 선물을 사위에게 덥석 안겨 주는 것은 아닐까 억울한 마음마저 든다. 그래도 요즘엔 결혼을 하지 않겠다는 처녀들도 많은데 시집을 가겠다는 자체만으로도 다행이라 생각하고 싶다.

모래알처럼 많고 많은 사람 중에 부부 인연으로 만난 것은 태어나기 전부터 정해진 인연이 아닐까. 우리 딸이 사위를 만나듯, 꽃들이 내 곁으로 시집을 오듯, 인연은 그렇게 시작된다. 작고 여린 나무들이 언제 꽃을 피울까 했는데 어느 날 가지마다 꽃을 피우며 나를 행복하게 해 주었던 날들을 돌이켜 생각한다.

오늘도 나무들이 꽃샘바람을 이겨낸다. 오순도순 새로운 생명들이 꿈틀거린다. 새로 분가하여 싹을 틔우고 꽃을 피워내는 모습을 볼 때마다 신비롭기 그지없어 탄성이 절로 난다.

딸을 보내는 마음도 홀가분해진다. 너도 새로운 인생을 살아가면서 봄이 오는 소리를 기억하여라. 어떤 역경도 잘 견뎌내며 예쁜 아기도 낳고 행복하게 살 거라. 열 번, 스무 번, 마음모아 빌고 또 빌어본다.

어떤 귀가

참으로 오랜만에 글을 써본다. 문득 우리 가족 이야기를 옮겨보고 싶어서이다. 컴퓨터에 앉으면 몇 시간씩 오락은 하면서도 이렇게 글을 쓰기위해 마주한 지는 꽤 오래이다.

지금으로부터 8년 전 우리 가족 네 명은 각각 자기 직장과 일, 그리고 자기의 꿈을 위해서 부산 본가를 떠났다. 남편은 삼천포 지점장 발령, 아들은 전남 광양에서 새로운 직장생활을 시작하고, 딸은 다니던 직장에 사표 내고 디자인 공부를 하기 위해 서울 홍익대학원에 공부하러 가고, 시어머니는 김해 시골집에서 농사를 지으시기로 했다.

덩그러니 나만 혼자 남게 둔 채 모두가 떠났다. 우리 가족이 그야말로 하루아침에 전국구가 된 셈이다. 집을 떠나는 가족들에게, 나갈 땐 마음대로 가지만 집에 들어올 땐 마음대로 들어오지 못한다며 나는 협박 아닌 협박을 하였다.

모두가 떠나고 난 집은 나만의 자유로운 공간이었지만 밤이면 외롭고 쓸쓸했다. 나는 떠나는 가족에게 한 가지씩 숙제를 내주었다. 그러나 정작 나는 무엇을 하며 어떻게 살아야할까, 생각해 보니 늦게라도 하지 못한 것이 하나 있었다. 꼭 대학에 가보고 싶은 꿈이다.

늦었지만 D대학 사회복지과에 들어가서 공부를 시작하였다. 사회활동을 하는 동안, 좀 더 학습하고 연구해서 체계적이고 기획적인 봉사를 하고 싶다는 생각 때문이었다. 시험 기간이면 아들딸보다 어린 젊은 학생들 속에서 머리에 쥐가 나도록 공부하였다. 때로는 나보다 어린 교수들에게 자존심이 상하는 일도 있었지만 배우고자 하는 욕망 앞에선 모든 것을 참고 견뎌 나갈 수 있었다.

그 당시 복지과는 사회에 막 떠오른 인기 있는 학과였다. 삼, 사십 대 교수들은 아마도 이해를 하지 못했을지도 모른다. 저 나이에 배워서 어디 써 먹으려고 하나, 이런 생각을 했으리라. 그들이 젊었기 때문에 만학도인 나를 잘 이해하지 못하는 것은 아무래도 상관없었다. 나는 배우는 것이 너무나 즐거웠고 회춘한 사람처럼 기운마저 생생해졌으니까. 사람의 욕심이란 끝이 없는 법, 대학을 졸업하고 나니 이제는 대학원이 가고 싶어졌다. 각고의 노력 끝에 부산대학교 행정대학원에 진학하여 석사 졸업이라는 명예를 얻었다.

본가를 떠난 가족들이 한사람씩 돌아오기 시작한 것

은 5년이 지나면서이다. 2007년 맨 먼저 남편이 돌아왔다. 그의 손에는 32년 한 회사에서 근무하고 받은 퇴직금과 회사의 일부를 위탁받은 자영업자로서 양산에서 회사를 운영하게 되었다는 소식을 안고 돌아왔다. 그 다음은 아들이 부산에 발령을 받아서 돌아왔다. 광양에서 짝을 만나 결혼하여 예쁜 아내와 귀여운 손자를 데리고 말이다. 아들은 연산동 아파트에 분가를 하여 그 이듬해에 딸 하나를 더 얻었고 그야말로 찰떡궁합이 되어 잘 살고 있다.

맨 마지막에 돌아온 것은 딸이었다. 딸은 학교를 졸업하고 주경야독으로 국가 자격증시험에 도전하였다. 홍익대학원 졸업장과 감정평가사 합격증, 그리고 감정평가법인에 취직하여 화려하게 본가로 돌아온 것이다. 그들은 칠 년이란 길고 긴 여정 끝에 내가 바라던 모든 것을 가지고 돌아왔다. 그 사이 시어머님이 돌아가신 일은 가장 안타깝고 씁쓸한, 뜻밖의 일이었다. 아들들에게 물려주겠다며, 손발이 닳도록 몸을 아끼지 않으시더니. 손주들이 장성하는 것을 그토록 보고 싶어 하시더니…… 이제라도 하늘나라에서 편안하게 지내시기를 빌었다.

나는 우리 가족들에게 박수를 보내고 싶다. 모두가 목적을 위하여 열심히 살아준 대가로 이루어낸 장한 결실들이다. 그 과정을 위하여 얼마나 많은 땀방울을 흘렸을까. 아들은 객지에서 회사의 신임을 얻기 위하여 얼마나 많은 노력을 했으며 딸은 또 몇 평 되지 않는 원룸에서 얼마나 책과 씨름했겠는가. 더구나 요즘은 국가자격시험이 하늘에 별 따기만큼이나 어려운데 이 힘든 과정을 통과해 내다니 장하다고 힘껏 안아주고 싶다.

그동안 내가 가족들에게 해 줄 수 있었던 것은 위로의 편지와 희망을 전하는 격려가 전부였다. 지금도 박사과정을 준비하고 있는 딸에게는 절대 포기하지 마라, 며 밤마다 메일을 보낸다. 내가 해 줄 수 있다면 대신해주고 싶기까지 하지만, 삶이란 아무도 대신해 줄 수 없고 저마다의 감당해야 할 몫이 있으니 애만 태울 뿐이다. 태산이 아무리 높다 해도 하늘 아래 뫼이로다, 어릴 때 배운 시조 한 구를 읊어주며 오늘도 딸을 격려한다. 공부에 지쳐갈 때, 시험에 떨어졌을 때, 포기할까봐 얼마나 마음을 졸였던가…… 나는 이것이 내심 가장 두려웠다.

집에서 반찬을 해서 보내지만 딸은 밥해 먹는 시간도 아까워서 하루 두 끼밖에 못 먹는다고 한다. 사위 또한 혼자서 외로운 시간을 보냈을 생각을 하면 가슴이 저미어 온다. 한편으론 잘 참아주고 잘 견뎌준 그들이 얼마나 대견한지.

나 역시 그 세월을 헛되이 살지 않고 나름 값지게 보냈다. 2006년 작은 정치인으로서 기초의원에 출마, 당선되어 의원생활을 했다. 의정활동은 4년으로 막을 내렸다. 그리고 이 일을 마감으로 이제는 그동안 고생한 남편과 가족들을 위해서 알뜰히 봉사하고 싶다. 진심으로 사랑하는 내 가족을 위해서 말이다.

그동안 무한한 자유를 즐기며 살았지만 자유보다 더

그리운 것은 가족이라는 것을 새삼 느낀다. 그리고 밖으로 향했던 시선을 안으로 돌릴 즈음 그동안 살아온 내 생활을 기록해 보고 싶은 새로운 도전이 가슴 한 켠에 뭉글뭉글 솟아올랐다. 물론 이 생각이 처음인 것은 아니다. 이것은 삼십 대부터 마음에 품어왔지만 바쁘게 돌아가는 일상은 내게 이러한 여유를 주지 않았다. 그리고 지금, 밀쳐두었던 책과 벗을 하며 수필가의 길을 걷고 있다.

내가 마지막까지 안고 갈 글쟁이의 소망을 꿈꾸며…….

나더러 어쩌라고

잇몸이 아프고 치아가 조금 흔들렸다. 가장 무섭고 가기 싫은 곳이 치과지만 하는 수 없이 집 가까운 곳을 찾았다. 어금니를 세 개 발치하고 염증치료를 받았다. 그런데 무통치료를 목적으로 미리 맞는 마취주사가 더 아픈 건 무슨 일이람. 송곳으로 입천장을 뚫는 거 같았다. 주사기도 얼마나 길고 크던지 다시 보면 기절할 것 같아서 그만 눈을 질끈 감아버렸다. 두 번 다시

이 치과에는 오지 않겠다고 다짐하면서.

시설이 좋고 아프지도 않게 잘 한다는 치과를 수소문해서 다시 찾았다. 소문처럼 시설도 최신이고 의사 손에 쥐고 있는 마취주사기도 아주 작아 보였다. 마취는 정말 아프지 않았다. 하지만 문제는 그 다음이다. 꽤 젊어 보였지만 의사의 체격이 만만찮다. 내 눈이 옮겨간 것은 그의 큰 손과 굵은 손가락이다. 그 손이 나에게 상처를 줄 줄은 본격적인 치료가 시작되고서야 알게 되었지만.

첫 치료 3개월 후 의사를 찾았다. 어금니 두 개는 뼈가 삭아서 고리를 걸어야 한단다. 소소한 치료를 하고 다시 3개월을 기다려야 한다는 말과 함께 앞으로 한 달간은 고개를 숙이지 말라는 주의 사항을 들었다.

고개를 숙이지 않고 지내는 것은 고역이었다. 밥을 먹어도 숙여야 하고, 책을 보아도 숙여야 하고, 세수를 할 때도 숙여야 하고…… 하루 중 고개를 들 때 보다는 고개를 숙일 때가 더 많은데 빳빳이 목에 힘주고 고개를 든다는 것은 이만저만 불편한 일이 아니었다. 의사의 주의사항을 잊고 고개를 장시간 숙일 때마다 얼굴이 붓고 불편했다.

한 달 동안 고개를 들고 살면서 나는 다른 의미의 경험 하나를 얻었다. 목에 힘주고 사는 사람들의 삶이 얼마나 불편하고 부자연스러운 것인가, 에 대한 경험이다. 내로라고 으스대고 싶은 사람은 아마도 고개 숙이는 편안함을 거절하고 사는 사람이 아닐까. 벼는 익을수록 고개를 숙인다는 말이 왜 생겼겠는가. 성숙한 사람은 고개를 숙이는 것이 더 자연스러운 처세일진대…….

3개월 후에 다시 갔다. 의사는 뿌리치료를 해야 하니 입을 크게 벌리라며 손가락을 넣어 걸고는 사정없이 한쪽을 잡아당기는 것이다. 입이 찢어 질 것만 같았다. 입을 벌리고 있으니 아프다는 말을 할 수도 없고…… 하지만 의사는 남의 입이야 찢어지건 말건 치료에만 열중하고 있었다. 결국 입술 한 쪽 끝이 살짝 찢어져 상처가 나고 말았다. 너무 아파서 눈물이 찔끔 났다. 의사의 무지막지하게 큰 손이 원망스러웠다. 아니 손가락 굵은 사람은 치과의사가 되는 거, 한번쯤 생각 해봐야 하는 거 아닌가 싶을 만큼 불만이 터져 나왔다. 이 무슨 운명의 장난인가. 첫 번째 병원에서는 마취주사가 너무 커서 병원을 옮겼는데, 이번에는 의사 선생님 손가락이 너무 굵어서 또 한 번 나를 질겁시킨다.

탓하면 무엇하랴. 모든 게 다 내 탓이다. 주사 탓을, 덩치 탓을 해 보지만 내 치아가 말썽이 없었으면 치과에 가지 않아도 됐을 테고 치과에 가지 않았으면 이런 일도 없었을 테니까, 하고 내 탓으로 돌리며 마음을 추슬렀다.

한 달이 또 지났다. 본을 뜨기 위해 카메라로 사진을 찍고 일주일 후에 치아를 넣게 되었다. 임플란트를 끼운다고 하면서 의사는 다시 그 거대한 손가락을 내 입에 갖다 넣었다. 잘 보이지 않으니까 더 크게 입을 벌리라며 검지로 막무가내 잡아당긴다. 입이 원래 작게 생긴 나더러 어. 쩌. 라. 고.

맨 처음 치료할 때 입술이 찢긴 상처가 이제야 겨우 아물었는데 다시 상처를 입게 생겼다. 그래도 어쩌겠는가. 시키는 대로 할 수밖에 없다. 나는 있는 힘을 다해 입을 벌려 보았다. 그런데 더, 더, 하며 의사는 커다란 손가락으로 사정없이 잡아당긴다. 이미 상처 난 곳이니 성할 리가 없지 않은가.

드디어 수난의 작업이 종료되고 나는 성질이 나서 항의했다.

"사모님 입이 작아서 그렇죠. 임플란트는 해야 하고 입은 작고…… 그래도 치아는 심어야 하니까."

결국 어쩔 수 없다는 식이다. 미안하다는 말은 할 줄 모르고 남의 작은 입만 탓하는 걸 보니 기가 찬다. 입가 상처는 다시 덧나고 말았는데…….

치아 하나는 겨우 심었지만 앞으로 남은 일이 걱정이

다. 이 무지막지한 의사랑 또다시 시룰 걸 생각하니 벌써부터 앞이 캄캄하다. 의사들도 전문의별로 몸무게나 신체 조건에 대한 규정이 있어야 하지 않을까. 손이 조금만 작았더라도 치아가 불편한 환자에게 또 다른 불편까지 덤으로 얹는 일은 없었을 텐데…… 만 가지 생각이 다 든다.

두 눈을 치뜨고 의사에게 날선 전자파를 쏘아 보낸다. 무심한 얼굴이 입을 다문 채 말하고 있다. '나더러 어·쩌·라·고?'

공존의 섭리

요즈음 누가 깨우지 않아도 다섯 시가 되면 절로 눈이 뜨인다. 옆자리에 누웠던 남편은 어느새 밭으로 나가고 없다. 나도 일어나서 옷을 입고 현관문을 열었다. 맑고 상쾌한 아침 공기가 실내로 밀려들어온다. 언제 일어났는지 새들은 벌써부터 지저귀고 있다.

텃밭으로 나가본다. 남편은 잡초와 씨름을 하고 있다. 언제 만들어 놓았는지 콩밭에 허수아비 세 개를 만들어 세워 놓았다. 도무지 물불 가리지 않고 쪼아대는 새들 때문이다. 새들은 익은 토마토를 쪼아 먹는다. 제법 어린아이 머리만 한 수박도 예사로 쪼아 먹는다. 콩밭까지 내려와 막 싹이 올라오고 있는 콩도 쪼아 먹는다. 새들의 이른 지절댐은 아침 식사를 알리는 소리였나 보다.

머리 나쁜 사람을 일컬어 '새 머리'라고 하는데 그건 모르는 말씀이다. 가만히 살펴 보면 새들이 얼마나 영리한지 모른다. 고소한 콩은 어떻게 아는지 잘도 쪼아 먹고, 심심한 오이나 호박, 매운 고추는 입에 대지도 않는다. 단맛 나는 열매나 채소도 기막히게 가려서 먹고, 높은 공중에서 날아와 그 작고 뾰족한 부리로 목적물을 겨냥하는 실력, 또한 백발백중이다. 어쩌면 사람보다 맛을 아는 기관이 더 발달되어 있는 게 아닌지 신기할 정도이다.

들판에서는 벌레가 사라진지 이미 오래다. 작물마다 농약을 치고 잡초가 나는 곳에는 제초제를 뿌리다 보니 연약한 벌레들이 더 이상 살 수 없는 환경이 된 탓이다. 생태계의 변화가 나쁜 방향으로 진행되고 있는 현상은 생태계를 흔들어 놓았다. 땅속에 사는 지렁이가 없으니 새들은 나무에 달린 열매를 쪼아 먹고, 수확물을 보호하려는 농장주인은 새들을 쫓는 방법을 총동원하느라 연일 술래잡기를 한다. 수박이나 참외는 열리자마자 초록색 비닐로 가리거나 거물을 씌우는 특단의 조치가 절실해졌다.

작년에는 멋모르고 그냥 두었더니 농작물을 방치했다가 낭패를 보았다. 포도가 열렸지만 익기가 무섭게 쪼아 먹혔고 아로니아도 익는다 싶더니 전부 다 먹혀 버리고 말았다. 열매 종류는 아예 수확을 포기해야할 정도이다. 결국 우리 집도 삼랑진 장에 가서 그물을 사 왔고 토마토랑 콩밭을 덮어 씌워버린 다음에야 안심할 수 있었다.

새들로 인한 피해는 해가 갈수록 심각하다. 새들이 먹을 것을 생각해 마지막 까치밥을 나뭇가지에 남겨놓던 인심은 옛날이야기가 되었다. 먹이전쟁에 나선 새들은 맹렬히 침공하고 이에 맞선 사람들은 기를 쓰고 더욱 방어에 나선다. 이 악순환의 결과 벌레가 살지 못하면 인간도 살수 없는 세상이 된다는 자연의 섭리가 깨어지고 만 것이다.

지금은 장마철이다. 콩과 함께 잡초들이 이미 올라오고 있다. 잡초를 어떻게 제거해야 할지 벌써부터 걱정이다. 인간은 자기가 필요한 것만 심어서 거두기 때문에 잡초는 천대받을 수밖에 없는 존재이다. 생각해 보면 잡초도 나름 제 책임을 띠고 이 세상에 존재하는 게 아닐까. 비가 많이 내릴 때는 흙이 내려가지 않도록 막아주고, 너무 건조한 날에는 먼지나 바람에 의한 피해를 막아준다. 진흙땅에 튼튼한 뿌리를 내려 흙을 잡아주는 것도 잡초다. 만약 잡초가 없다면 땅을 갈려 해도 흙먼지만 일어나고 내리는 비에 흙이 씻겨내려 간 땅은 쓸모가 없어지게 된다. 모든 자연은 서로 공생공존하면서 살아가고 있다.

잡초가 순을 올리는 데도 순서란 게 있다. 우리 밭에서 제일 먼저 올라오는 풀은 쇠무릎(도둑놈 풀)이다. 다음은 쇠비름이고 바랭이 풀이다. 제일 나중에 올라오는 이 바랭이는 뿌리를 아주 깊숙이 뻗기 때문에 '어린 왕자'에 나오는 바오밥 나무처럼 어릴 때 제거 하지 않으면 뽑아내기 어렵다. 이렇듯 잡초가 올라오는 데도 순번이 있다. 가만히 보면 인간을 제외한 세상의 모든 것은 자연의 섭리에 순응하며 새치기도 하지 않고 순리대로 살아가고 있음이 아니겠는가.

세상에 태어나는 모든 것은 할 일이 있다. 어떤 미물이든지 주어진 임무가 있다. 자세히 들여다보면 이름 없는 야생화나 잡초라고 불러주는 식물까지도 나름대로 꽃을 피운다. 집 부근에 있는 생태공원에도 인공적으로 재배한 꽃들이 다 지고 나면 잡초들이 군락지를 이룬다. 장마철이든 불볕더위든 간에, 사람이 가꾸어주지 않아도 자기들끼리 군락지를 만들어 누가 알아주든 알아주지 않든 자기의 소임을 다하고 있다. 이 얼마나 장엄한 행렬인지 감탄할 수밖에 없다.

장마가 끝나면 불볕더위가 시작되겠지. 열심히 잡초와 싸우더라도 결국에는 잡초한테 항복하겠지, 생각만 해도 팔이 저려 온다. 콩 벌레는 얼마나 많이 잡아야 할지 한편으로는 호기심도 나지만 올해는 작년보다 콩을 더 많이 심었기 때문에 걱정이 앞선다.

시골이 좋다고 시골 가서 살자고 남편을 애써 설득했었는데 요즘의 나는 조금씩 자신이 없어져 뒷걸음치는 모양새다. 화분에 꽃들을 많이 심어놓고 보니, 하루라도 물을 주지 않으면 안 되니까 외출마저 신경 쓰이고 힘들어진다. 훌쩍 큰 키를 가진 접시꽃은 꽃잎이 거의 다 지고, 씨를 여물어내고 있다. 나의 얼굴도 점점 까맣게 변해가고 피부에 반점도 늘어만 간다. 어느 듯 시골 아낙이 다 되었다고 생각했는데 이제 와서 마음이 흔들리는 연약함은 무어람.

텃밭의 오이나무는 덥다고 소리 지르면서도 날마다 쑥쑥 열매를 키워낸다. 쭉쭉 뻗어가는 앞밭의 고구마

순은 흙이 보이지 않을 정도로 자라 있다. 숨겨놓은 수박도 어른 머리만 한 것이 잘 익었다. 참외 잎을 들쳐보니 참외도 숨어서 잘 익고 있다. 누가 가르쳐 주지 않아도 순리대로 잘 커가는 고마운 식물들. 변덕 많은 내 마음이 금방 힘을 내며 제자리에 도루 가 선다. 잠시나마 흔들린 내 마음을 들킨 건 아닌지. 자식처럼 자라가는 농작물 앞에서 부끄러움을 느낀다.

문득 잡초가 보여주는 질긴 근성을 생각한다. 뽑아도, 뽑아도, 다시 올라오는 잡초. 다 뽑았다고 생각하면 다른 한쪽 구석에서 또 다른 씨앗을 잉태하는 잡초. 이런 잡초의 근성을 닮는다면 가끔씩 드는 나약한 생각을 떨쳐버릴 수 있지 않을까.

잡초를 쉬이 여기지 말고 눈여겨 볼 일이다. 잡초는 인간보다 자기 삶에 훨씬 충실한 존재다. 잡초를 보면서 깨우침을 얻다니…… 세상에 있는 그 무엇도 존재 가치 없는 것이 없고, 공존의 섭리에서 예외일 수 없다는 생각이 불현 듯 마음 한 구석에 자리 잡는다.

비포장도로

승용차가 미끄러지듯 달린다. 잘 포장된 도로와 가로수가 바람에 스치듯 지나간다. 이른 아침. 강은 호수같이 고요하고 강둑길은 물안개가 산허리를 휘감고 있다. 신선이 놀다간 무릉도원이 따로 없다.

40년 전 지금 살고 있는 도요마을은 낙후된 오지였다. 사람들은 이곳을 민속촌이라고도 불렀다. 내가 살고 있는 연산동에서 버스를 타고 부산역에 도착하면 경부선

기차를 타고 삼랑진역에서 내렸다. 거기서 도보로 30분을 걸어 강둑을 내려가면 한 시간에 한번 있는 나룻배를 이용해 낙동강을 건넜고 또다시 모래와 자갈길을 한 시간 이상 걸어가야만 시댁 대문이 겨우 보이기 시작했다. 부산에서 그리 멀지 않은 길이건만 하루해가 넘어가야 하는 여정이었다.

집으로 가는 길은 모래와 작은 돌들이 뒹굴고 있었다. 여름에는 더욱 힘들었다. 뜨거운 지열에 얼굴은 따갑고 등에서는 땀이 흘러내렸다. 아기를 업은 새댁은 절뚝거리면서 행여 구두가 닳을까봐 벗어 들고 맨발로 걸었다. 발바닥이 화끈거렸다. 겨울은 겨울대로 바람 막을 곳이 없어 칼바람을 맞아야 했다. 지금에야 잘 다듬어진 아스팔트길 양 옆으로 벚꽃나무까지 가지런히 서서 운치 있고 잘 정돈된 거리가 되었지만 그 시절 시골길은 전부 비포장 도로였다.

시집간 후 10년 만에 처음으로 버스가 다니기 시작했다. 덜컹거리며 달렸지만 하루에 네댓 번 있는 아주 귀한 교통수단이었다. 낮이면 차창으로 들어오는 바람이 속 끓는 내 심정을 훠이 날려 보내주었고, 밤이면 버스의 헤드라이트 불빛만이 적막한 시골길을 비추며 지겹도록 앞서 달렸다. 지금 생각해도 온몸이 오그라드는 것은 차창 한편으로 죽음처럼 시커먼 강이 흐르고 있어서 자칫하면 캄캄한 밤길을 달리던 버스가 강으로 곤두박질치지나 않을까, 운전기사의 졸음운전을 걱정하는 노파심에 용이 쓰였던 일이다.

묵정밭 같은 시골길처럼 내 인생에도 비포장도로가 있었다. 나는 연애결혼을 했다. 하지만 시골일이라고는 해본 적도 없는 도시에서 자란데다 체격까지 작아서 시부모님은 나를 몹시 못마땅이 여겼다. 무조건 신체건강하고 시골일 잘하는 며느리를 원했으니 마음에 들지 않았을 터이다.

결혼과 동시에 집안일과 시동생 시누이 넷이 몽땅 내게 맡겨졌다. 하루에 싸는 도시락만 해도 다섯 개였다. 배려나 아량은 바라고 기대할 것도 없이 살아온 환경이

다른 사람들끼리 한 지붕 밑에서 요동을 쳤다. 하지만 삐걱대며 제자리를 찾아가는 톱니바퀴처럼 아무것도 할 줄 모르는 새댁은 방 두 칸의 협소한 보금자리에서 어떻게든 버티어 나갔다.

선풍기며 세탁기며 편리한 전기제품 하나 없이 어떻게 살아냈을까. 그 많던 빨래도 손으로 다 해결했다. 모든 것이 부족한 시대에 그야말로 여섯 명을 실은 가족이라는 승합차는 십여 년 동안 비포장도로를 지치지 않고 달렸다.

어머님은 불만을 쉼 없이 그리고 노골적으로 드러내셨다. 한번은 추운 겨울, 새벽 찬바람을 맞으며 몇 시간씩 걸어서 시댁에 도착했다. 막 대문 안에 들어서려는데 땅 꺼질까봐 그리 천천히 걷냐, 하며 시어머니는 보자마자 쏘아붙였다. 그리고 시장기가 도는 내 앞에 내민 것은 먹다 남은 차가운 식은 밥과 김치 한쪽이었다. 그 밥을 보는 순간 얼마나 하염없이 눈물이 나오던지…… 목구멍으로 밥이 넘어갈 리 없었다. 시누이는 친정에만 가면 언제나 따뜻한 밥을 지어서 준다고 자랑질을 했는데 며느리한테는 먹다 남은 찬밥을 주다니 야속하기만 했다.

지금 같은 시절이면 어찌 가만히만 있으랴. 하지만 그 때는 큰 목소리 한 번 제대로 내지 못했다. 당연히 시어머니와의 갈등도 마음속 깊은 곳에 꽁꽁 묻어두고 살았다.

처음부터 완벽하게 하는 사람이 어디 있을까. 낯설고 서투른 환경에 들어선 어린 며느리를 어여삐 여기며 먼저 껴안아 주셨다면 고부간의 갈등 때문에 그토록 오랫동안 열병을 앓지는 않았을 텐데…… 핏줄이 아니어서 그런 것일까. 아무튼 인연으로 만난 사람과의 감정은 켜켜이 쌓이기는 해도 쉬이 녹기는 어려운 듯하다.

세월이 많이 흘렀나 보다. 이제는 내게도 며느리가 생겼고 나는 자연스레 시어머니가 되었다. 올챙이가 개구리 적 시절을 모른다면 나 또한 어찌 좋은 시어머니가 될 수 있을까.

몇 년 전, 시부모님이 사시던 집을 고쳐서 소담한 전원주택으로 꾸몄다. 아침에 일찍 일어나 꽃과 텃밭을 가꾸고 저녁이면 이웃을 불러 상추쌈을 함께 먹으며 더불어 사는 농촌에서의 삶을 보람 있게 가꾸어 가는 중이다. 열심히 밭일을 하다보면 잘 가꾸어진 밭고랑과 튼튼하게 자라고 있는 식물들이 자식처럼 여겨진다. 그 뿐인가. 이곳에서 시어머니가 되고 농사꾼이 되고 보니 어머님의 마음도 조금은 헤아려봄직 하다. 그 세찬 바람을 한평생 몸으로 이겨내시며 억척같이 사셨음이다.

비포장이던 시골길은 옛이야기가 되었다. 집들도 건축 양식이 다양하고 알록달록 동화처럼 고운 색깔로 갈아입었다. 봄이면 벚꽃이 온 마을을 꽃동네로 만들고 오월이면 널린 흰 아카시아가 지천에 향기를 뿜어낸다. 앞에는 천태산이, 뒤에는 무척산줄기가 병풍처럼 아름답게 둘렀고 청정지역인 20만평 낙동강 생태자연공원에선 계절 따라 야생화가 만발하다. 공기 좋고 자연이 살아있는 곳으로 알려진 지금의 도요는 수리시설도 잘 정비되어 있다. 낙동강 칼바람을 맞으며 뱃사공 아저씨를 부를 때가 엊그제 같은데 상전벽해가 달리 없다 싶다.

시골 어디든지 차가 씽씽 달린다. 오지에 깔린 시멘트 길, 잘 닦인 아스팔트 도로를 보면 그 옛날의 비포장도로가 생각나서 지금도 눈시울이 뜨거워진다. 술 취한 사람마냥 통통 튀어 오르며 흔들대는 차 속에서 엉덩방아를 찧고도 까르륵대던 웃음소리가 다시 들린다.

비포장도로는 살아있는 도로다. 사람이건 농토든 꿈틀거려야 한다. 꿈틀거려야 발전할 수 있다. 활기가 넘치는 이 꿈틀거림 속에서 낡아지는 세월 앞에 언제까지나 새롭고 싶다.

제3부

회장 팔자

어떤 죽음

지인의 장례를 치르고 왔다. 갑자기 부고 소식을 접한 터라 가슴이 먹먹하다. 정말 예기치 못한 때에 갑작스레, 아무 준비도 없이…… 그녀는 떠났고 우리는 떠나보냈다.

지인은 이제 50대다. 집에 혼자 있을 때 쓰러져서 숨을 거두었단다. 한참 재미있게 살 나이인데 너무나 황당해서 나도 믿기지 않았다. 그녀의 남편은, 퇴근하고 집에 와보니 이미 고인이 되어 있었다고 했다.

태어날 땐 순서가 있어도 갈 때는 순서가 없는 것이 우리네 삶이다. 하지만 아침까지만 해도 살아 움직이던 사람이 저녁에 고인이 되어버렸으니 가족인들 얼마나 황망하고 비통했을까. 내가 연락을 받고 달려갔을 땐 경찰조사가 이미 끝났고 병원에서도 심장마비라는 사인이 나와 있었다. 죽은 자는 말이 없는데…….

망자의 주검 앞에서 지난날들이 스크린처럼 펼쳐졌다. 그녀는 사는 동안 참으로 알뜰한 주부로 살아왔다. 평생 옷 한 벌 사 입지 않고 이웃이나 형제들에게 유행이 지난 옷을 늘 얻어 입곤 했다. 먹거리 또한 재래시장에서 늦은 시간에 떨이를 해왔다. 자기 입에 들어가는 것조차 아까워서 군것질 한번 하지 않은 사람이다. 속도 모르는 이웃사람들은 혀를 끌끌 찼다. 이렇게 갈 것을 왜 그다지도 궁상을 떨며 살았느냐고.

그녀의 남편은 개인회사에서 잡일을 했다. 박봉에 자식이 세 명이나 되는 그녀로서는 나름대로 알뜰한 계획을 세우지 않으면 안 되었을 것이다. 죽은 후에 알게 된 사실이지만 애들 앞으로 적금통장까지 하나씩 넣어 두었으니 어찌 짠돌이라고 비난만 할 수 있을까. 가족들은 그것을 보고 모두 울음바다가 되었다. 평소에 안 먹고, 안 입고, 안 쓰던 어머니의 답답함을 그제야 이해할 수가 있게 된 것이다.

불에 타 한 줌의 재가 된 지인의 최후를 보면서 조문객들은 한 결 같이 눈물을 뿌렸다. 후회의 눈물인지, 연민의 눈물인지, 남아 있는 자들의 그리움을 닦아내는 눈물인지, 아니 그보다 죽은 자를 위해서 진심으로 슬퍼하는 비통의 눈물인지 알 수 없지만…….

우리 모두는 자신의 인생에서 주역을 맡은 배우이다. 한편의 드라마같이 자기 배역이 끝나면 서서히 무대에서 내려와야 한다. 지인은 살아생전 어떤 연기를 했는지…… 내가 보아온 지인의 모습은 하루도 헛되이 보내지 않았다. 자투리 시간에는 남이 잘하지 않는 가사도 우미 일을 했다. 최대의 절약성이 주는 답답함을 제외하고는 언제나 이웃에게 싹싹하고 인사성이 밝은 사람이라서 모두가 좋아했다. 대개의 사람들이 시간이 없다고 허둥대고, 숨이 막혀 못살겠다고 발을 동동거리지만 그녀는 묵묵히 제 위치에 서서 제 할 일에 최선을 다했다.

장례를 치르고 보니 인생이란 것이 허망하기 짝이 없다 싶다. 살아 있을 땐 사랑한다고, 당신이 없으면 절대로 못산다고들 하지만 숨이 끊어지니 갖다 버리기 바쁘다. 사흘이면 지금까지 '있던 것'이 모두 '없는 것'이 되고 마는 사랑. 누가 이걸 사랑이라고 말하는가. 삶과 죽음이 손바닥과 손등 차이이고 영원한 사랑은 아무 데도 없다. 현세에서 아무리 열심히 살아도 하늘에서 부르면 가야하는 것이 인생이고 어느 날 갑자기 이렇게 떠나야 하는 날이 오면 모든 것은 도중하차 되어 버리고 만다. 나도 이제는 정리를 하며 살아야지. 나는 어떤 배우인지, 가까운 누군가에게 상처를 주지는 않았는지 만감이 교차하며 되돌아보게 된다.

가는 자는 많은 것을 두고 간다. 가족과 사랑하는 사람과 삶에 대한 애착과 평소에 애장하던 물건들마저 두고 간다. 이중에서도 마지막까지 눈을 감기 어려운 일이 있다면 아마도 정을 끊지 못하고 가는 것이 아닐까. 우리는 곁에 있을 때 소중한 것을 모른다. 잃고 나서야 비로소 그 소중함을 깨닫는 어리석음을 범한다. 건강도, 사랑도…….

남의 죽음을 보아도 자기는 죽지 않고 영원히 살 것처럼 여기는 사람도 많다. 아직은 자기 역할이 많이 남은 것처럼 생각하면서 죽음을 쉬이 인정하지 못한다. 그러나 영원한 것은 세상에 없다. 가족이 하나로 맺어져 있다는 것이 세상에서 제일 큰 행복이라지만 가족도 언젠가는 이별을 고하게 된다. 이 이별이 세상에서 가장 큰 아픔일지라도 한 번은 떠나야 하고, 보낼 수밖에 없는 것이 우리네 인생이다. 이러한 이별이 있기에 우리는 또한 오늘, 사랑할 수밖에 없는 것이 아닐까.

영락공원은 삶의 질펵한 교훈이 있는 곳이다. 한쪽에선 화장을 하고 한쪽에선 울음소리와 음식 먹는 소리, 잡담하는 소리가 하나로 뒤엉켜 삶과 죽음이 함께 공존하는 공간이다. 슬퍼서 우는 자와 그래도 산 사람은 먹어야 한다며 연신 밥숟가락을 입에 떠 넣는 사람. 죽은 사람이 한 줌 재로 태워지는 순간, 산자는 살아야 한다는 역설적인 진풍경이 빚어지는 곳이다. 하루에 예순여 명을 화장火葬하여 저승으로 보내는 절차가 이루어지는 곳. 수십 대의 버스와 자가용과 많은 인파들과…… 떠나는 사람과 보내는 사람들의 울음바다로 아수라장이 되는 곳. 그러나 사랑하는 사람과 가족을 두고 한 줌의 흙으로 돌아가는 순간, 정작 망자에게는 '인생'이나 '사람'은 없는 말이 되고 만다.

지는 해가 하루를 마무리 하는 것처럼 인생도 그렇게 한순간에 마무리되고 만다. 십년을 살았든, 백년을 살았든, 떠날 땐 모두가 찰나에 지나지 않는다. 모든 것이 일장춘몽이다.

도시의 일상

김해 생림면 도요리를 떠나서 만덕으로 들어선다. 차와 매연이 나를 어지럽게 만든다. 무엇이 그리 바쁜지 서로 먼저 가려고 앞차와의 안전거리도 두지 않는다. 차의 홍수 속에 전쟁을 치르고 아파트에 도착할 즈음이면 벌써부터 시골강변이 그리워진다. 아, 평화로운 시골의 일상이여!

사방 콘크리트로 쌓아올려진 도시가 너무 갑갑하다.

조그만 공터만 생기면 빌라와 원룸으로 채워지고 사방 고층 건물로 막혀버린 도시는 집 안에서 햇볕 구경조차 하기 어렵다. 하긴 집에서 한가로이 거하는 사람도 드물다. 아프지 않으면 모두다 주중과 주말을 가리지 않고 밖으로 나간다. 가족 간의 대화란 배부른 사치가 되었고 무한경쟁 시대에 뒤지지 않기 위해서 너나없이 바쁘게 살고 있다.

유치원 연령의 아이들은 종일반에, 영어학원에, 부모 있는 고아가 되어버렸다. 부모가 퇴근할 시간에 맞추느라 늦게까지 밖에서 도는 탓이다. 가족 모두가 낮 시간은 밖에서 보내고 해가 져야 하나둘씩 집으로 모인다. 그것도 저녁이 없는 시대의 피곤과 피로를 온몸에 더덕더덕 눌러 붙인 모습으로…….

가족이건만 얼굴 보기가 힘들다. 거의가 맞벌이에 나서고 있으니 어쩔 수 없는 것이긴 하지만 부모는 자녀들 양육에 드는 값을 지불하기 위해서 더 숨 가쁘게 벌이에 전념해야 한다. 좀 덜 쓰고 가정의 평화를 지키는 방법은 이미 전근대적인 사고방식으로 몰락해 버렸다.

'젊어서부터 철저하게 경제적인 계획을 세워야 한다.' 고 사람들은 이구동성으로 말한다. 정년 이후 남아도는 백세시대를 어떻게 보내게 될 것인지가 불 보듯 뻔하기 때문이다. 하지만 막상 장년에 들어서면 어떠한가. 젊은 날엔 시간 내기 힘들어서 여행할 틈이 없었는데, 나이 들어 시간이 남아돌면 돈이 없어서 여행을 못 가는 아이러니한 상황이 발생한다. 시간과 돈이 반비례하기 때문이다.

누군들 젊은 날이 없었으랴. 한때는 사회발전의 구성원이었고 가정에서는 자식들에게 꿈과 희망을 심어주며, 할 수 있는 역량만큼은 무엇이든지 다 주고자 했던 부모였다. 하지만 경제활동의 상실은 부모 역할의 상실로 이어진다. 그래서 이 시대의 젊은이들은 원하지 않는 이러한 불행의 쳇바퀴에서 벗어나기 위해 결혼도, 출산도 하지 않는 희한한 세상을 연출해 내고 있다. 앞날을 일찌감치 내다보는 젊은이들의 발 빠른 계산법을 기성세대가 일반적인 잣대로 어찌 나무랄 수만 있으랴.

한가로운 한낮, 시청 앞마당을 지나면 연로한 어르신들이 광장을 메우고 있다. 장기나 바둑을 뜨는 사람, 개 한 마리를 벗 삼아서 데리고 앉아 하염없이 오가는 사람들을 구경하는 사람. 툭툭 주름 불거진 두 손을 무르팍에 얹고서 연신 다리를 두드리는 사람…… 아직은 겉보기에 건강한데 하릴없이 시간을 죽이고 있다는 것이 참으로 안타까워 보인다.

오래 산다는 것이 결코 좋은 일만은 아닌 것을 절대적으로 공감한다. 백세시대가 도래했지만 아직은 노인을 위한 국가적 지원이 서구사회에 비하면 턱도 없이 부족하다. 그나마 지금 지원하고 있는 노인복지마저도 이대로 가면 국가기반이 흔들릴 지경이라며 벌써부터 아우성이다. 장수국가에 속하는 고령화 사회의 급격한 변화는 결국 장수가 재앙이라는 인식으로 직결되고 있는 것이다. 그나마 어느 한 부분, 만 65세가 되면 지하철도 무료이고 공원이나 사찰 입장도 무료이다. 또 영화

관도 절반밖에 받지 않는다. 수입이 없으면 국가에서 기초노령연금을 지급하지만 이것이 생계유지가 힘든 계층의 해결책이 되지는 못한다.

'삼식이'라는 이 시대의 유행어는 또 우리를 얼마나 슬프게 자극하는지. 그들은 공원이나 빈 공터에서 장기나 바둑으로 시간을 보내고 무료급식소를 돌다가 저녁이 되어서야 쳐진 어깨를 하고 집으로 돌아온다. 가족보기가 민망하여 큰소리 한번 내지 못하고 기 죽어지낸다. 이 시대는 아버지를 상실했다고 말해야 할지.

늙음이란 부자든 가난한 사람이든, 부지런한 사람이든 게으른 사람이든, 공평하게 찾아온다. 그래서 늙어가는 것이 슬픈 것도, 특별한 것도 아니라면 누구나 미리미리 준비하여 자연스럽게 받아들여야할 일이다. 어떻게 아름답게 늙을 수 있을 것인가? 노후를 자식과 국가에 기대지 않고 잘 살기 위해서 최대한 젊어서부터 철저히 계획하고 사전준비를 해야 할 일이다. 그래야 떳떳할 수 있다.

다행히 삶이 윤택한 사람들에게는 퇴직하면 평소 자기가 하고 싶었던 것을 할 수 있는 다양한 기회가 주어진다. 동호회를 만들어 지하철역에서 색소폰을 불어주는 노인들도 있고, 하모니카를 배워서 요양병원에 위문공연을 하는 팀들도 있다. 또 병원복도에서 기다리는 환자에게 차茶 봉사를 하기도 하고, 등산도 가고 글을 쓰기도 하며 멋있게 늙어가려는 노력을 나름대로 다하고 있다.

살림을 사는 주부들도 자기개발을 위해 여념이 없다. 자치센터를 다니며 갖가지 취미생활을 하고 취향이 맞는 사람끼리 동아리 활동을 하기도 한다. 그러나 이러한 여유는 모두 물질적인 문제와 직결되지 않을 수 없다. 결국 최소한의 인간적인 대접과 생활을 누리려면 우리는 물질적인 한계의 범주를 인정하지 않을 수 없다는 말이다. 그래서 끊임없이 배우고, 저축하고, 나를 지키려는 노력과 의지가 있어야 젊은 사람들에게 외면당하지 않는다.

도시에서 잘 늙어갈 수 있는 일상을 일찌감치 훈련하자.

참을 인 여섯 개

들녘 코스모스가 춤을 춘다. 가을이 성큼 다가왔다. 가지 끝에 매달린 감 익는 소리가 바람을 타고 귀에 와 닿는다. 땀 흘리며 가꾸었던 것들이 열매를 맺느라 분주하다.

집 앞의 채전에도 무르익는 가을 풍광이 정겹다. 채 손닿지 못한 토란은 어서 캐어 달라고 재촉하듯 손 내밀고, 국화는 하루가 다르게 만개하고 있다. 곧 단감과 고구마도 수확해야 하고 서리가 내리기 전에 겨울 준비도 해야 한다. 속이 통통한 배추는 묶어주고 무는 솎아줘야 뿌리가 튼실하다. 모든 것들이 어쩌면 이리도 각양각색의 모습으로 피고지고 열매 맺는지. 자연의 오묘한 섭리가 느껴진다.

이곳 자연이 좋아서 고향에 집을 짓고 들어온 지가 몇 달 되었다. 하지만 봄부터 시작된 공사는 아직도 진행 중이다. 늑장공사에 지쳐버린 남편과 나는 일단 미완성인 채로 들어와서 살기로 했다.

고향 땅에 집을 짓겠다고 처음 마음먹었을 때, 우리 부부는 퇴직 후의 인생을 멋지게 보낼 보금자리가 생긴다는 사실에 가슴이 벅찼다. 하지만 그 행복은 잠시, 전원주택을 짓는 동안 남편과 나 사이에는 수많은 의견 충돌이 오고갔다. 남자와 여자가 보는 견해가 어쩌면 그렇게 다른지 도무지 교차점은 없고 날마다 평행선을 그었다.

시공업자부터 마음에 들지 않았다. 그는 해운대에서

여기까지 온다며 번번이 늦었다. 가까운 곳에 있는 업자한테 공사를 맡기자고 했는데 내 말을 듣지 않는 남편이 약속했다. 거기에다 자꾸만 지연되는 공사기간으로 인해 기쁨도 반이나 줄고 말았다. 처음부터 그랬던 것은 아니다. 집짓는 진도가 잘 나간다 싶더니 공사가 중간을 넘어선다 싶을 때부터 시간을 끌었다. 자재비용이 모자라면 속 시원히 말하면 될 것을 늑장을 부리는 행동에 부화가 치밀었다.

결국 찬바람이 부는 늦가을이 되도록 집짓는 일은 완공되지 못했다. 그럼에도 시공업자는 골조공사에 많은 경비가 추가되었다며 뱃장만 부린다. 공사가 지연되는 바람에 이래저래 자기도 손해가 많다면서 인건비를 줄이겠다고도 했다.

업자는 시간이 나는 대로 들렀어 쉬엄쉬엄 일을 하고 돌아갔다. 준공 날만 기다리는 집 주인의 심정은 안중에도 없어 보였다. 내 속은 문드러졌다. 그나마 오는 날도 일정하지 않았다. 오후에 왔다가 딱 한 가지만 손을 대고 가는 날도 있었다. 곁에서 보기에 하루 이틀이면 끝마칠 일을 이렇게 시간을 끄는 속내를 도무지 알 수가 없었다. 심각한 불경기이다 보니 일거리를 늦추는 것이 아닐까 하는 생각마저 들었다.

미운 정도 정이라더니 그러기를 몇 달째. 이제는 익숙해져버린 업자와 이런저런 얘기를 나누는 사이가 되었다. 알고 보니 그도 그리 나쁜 사람은 아니었다. 공사가 지연되자 오히려 친숙하게 되어 자연을 즐기는 선한 마음을 발견하게 되었으므로. 그는 자연이 살아 숨 쉬는 우리 동네를 정말 마음에 들어 했다. 핸들을 잡고 오다보면 자연에 매료되어 어느새 우리 집 대문 어귀에 와 있다는 말도 했다. 공사는 뒷전이고 이 마을의 매력에 이끌려 정신없이 오다니…… 미워할 수만은 없는 마음이었다.

쉬엄쉬엄 진행되는 공사에 지칠 대로 지친 우리 부부는 마음을 비우기로 했다. 그가 오든지 말든지 간섭을 않기로 했고 나름대로 그의 손이 닫지 않는 곳을 틈틈이 우리 손으로 가꾸기에 바빴다. 마당에 잔디도 심었다. 완벽한 이사는 아니었지만 필요한 것은 부산 집에서 가져와 그런대로 모양새가 갖추어져 갔다.

두 번은 짓고 싶지 않다. 집을 짓는 일이 이렇게 힘든 일일 줄이야. 집이란 그저 공사 대금만 지급하면 뚝딱 지어지는 줄 안 것이 큰 착오였다. 더구나 시골이라 자재를 운반하는 일부터 꽤나 까다로웠다. 아무튼 집 형태가 조금씩 갖추어지면서 텃밭을 가꾸기 시작했다. 무조건 앞만 보고 달려왔던 우리 부부의 인생 2막의 쉼터를 꿈꾸며…….

고향 앞 들판에는 이십 만평이 넘는 자연 생태공원이 펼쳐져 있다. 이곳의 이른 아침 풍경은 가슴이 설레는 한 폭의 수채화이다. 낙동강 물줄기에서 피어오르는 물안개가 온 마을을 신비 속에 감싸면 마치 신기루를 보는 듯하다. 철철이 무리지어 피고 지는 들꽃들. 길고 가는 목을 흔들며 손짓하는 갈대…… 시골의 맑은 공기를 온몸으로 마실 때마다 봄 향에 취하고 가을 향에 물들어 영혼까지 맑아지는 기분에 빠져든다.

가을걷이하랴 손님 접대하랴, 시골생활은 도시와는 또 다른 일들로 분주하다. 요즘은 시골 향수가 그리운 친구들이 우리 집을 찾아오는 일도 잦아졌다. 그래도 내손으로 수확한 것을 대접하는 기쁨과 보람이야 슈퍼에서 사온 것들로 대접하는 것과 어찌 비교할 수 있으랴. 단감, 홍시, 고구마, 땅콩, 옥수수, 대추, 가지, 오이, 우스갯말로 없는 것 빼놓고 다 있다. 농산물 장터가 무색하다.

오늘도 건축업자는 다녀갔다. 아등바등하던 내 성정이 업자의 느긋한 속내에 물들어 함께 느슨해졌다. 이것이 살아가면서 배우는 처세술이요, 대처능력이 아니겠는가. 전원 생활도 점점 익숙해진다. 부산 집에 다니러 갈 때마다 오히려 그곳이 낯설게 느껴지기도 한다. 무슨 단체 행사다, 회의다 하며 살아가기 위한 족쇄로 억눌렸는데 이제는 그 많은 날들이 하룻밤의 여름 꿈처럼 멀고 아득하게 느껴진다. 과거는 훨훨 떠나보내야지 홀가분한 마음으로 시골에 정착하여 자연과 벗하며 살아가야지. 그리고 하루가 다르게 붉은 색으로 물들어 가는 뒷산처럼 가장 멋스러운 순간에 떨어지는 한 잎 낙엽처럼 미련 없이 지고 싶다.

건축업자는 아직도 출퇴근 중이다. 공사가 끝나면 이곳의 자연을 보지 못할까 하여 늑장을 부리는 것이렷다. 참을 인仁 여섯 개가 마음 판에 다시 새겨진다.

가을의 푸념

새파랗던 가로수에 오묘한 붉은빛 감도는 가을이 점점 깊어만 간다. 계절이 시간과 달과 우리를 같이 데리고 떠난다. 오늘 같은 날은 어쩐지 반가운 친구라도 올 것 같다. 내 나이쯤 되면 이제 남편과 자식보다도 친구가 제일 좋은 때가 아닌가.

멀리서 차 한 대가 우리 집을 향하여 쏜살같이 달려온다. 차가 멈추고 타고 있던 사람들이 내린다. 자세히 보니 큰 시누이와 작은 시누이 부부다. 순간 실망한 빛이 얼굴을 스친다. 오랜만에 보니 그들도 이제는 세월의 바퀴에 많이 상했다. 그렇게도 당당한 시누이들이었는데, 새삼 그들의 얼굴에서 세월의 흔적을 느낀다. 시누이 보다는 마음 맞은 친구와 이 가을에 취하고 싶었는데 내심 아쉽다는 생각을 하며 그들을 맞았다.

아직도 내 벗들은 주어진 환경의 굴레를 벗어나지 못했는가. 내킬 때 아무 때나 만날 수 있는 일이란 아직도 멀기만 하다. 한 잔의 차를 마시며 국화 향기에 취해 삶을 논하고 싶고, 누렇게 익은 황금벌판을 함께 걷고 싶은데. 풍성한 가을 햇살을 온몸으로 함께 안고 싶은데 쉽사리 찾아오는 친구가 없다. 모든 것이 마음뿐이다. 나이는 시간과 함께 달려가고 뜻은 세월과 더불어 사라져 버리고, 계절은 흐름을 채 느끼기도 전에 쏜살같이 떠나가고 있는데 말이다.

대문 앞 감나무에서 툭. 툭. 감 떨어지는 소리가 난다.

누군가를 기다리다 지쳤는지 암 덩이 하나씩 빠져 나가듯 떨어지는 홍시들. 텃밭의 코스모스는 바람에 긴 목을 일렁이고, 허공을 나는 고추잠자리 떼는 짝짓기를 하다가 시간이 지나면 소리 없이 사라져간다. 꺾꽂이를 해 둔 국화는 여전히 꽃을 활짝 피우고 있건만 가을은 꽃병에 핀 국화보다 먼저 마르고 시들어간다.

누구를 기다리는지 노란 꽃 돼지감자는 긴 목을 내빼고 자주색 열매를 뿌리마다 매달고 있다. 집 앞에 늘어선 가로수는 젊은 날, 초록이었던 생머리에서 최고의 화려함을 발하고 한순간 지려는 듯, 제 멋에 겨워 알록달록 파마머리로 염색하고 있다. 노랑머리, 빨강머리, 주홍색머리…….

한 계절 영글어 가면서 나도 나이테 하나를 더 만든다. 살아가는 나날이 우리의 소중한 경험이므로 지나간 날들이 후회가 되어서는 안 된다. 세월은 흘러가는 것이 아니라 차곡차곡 쌓여 가는 것이다. 그리고 오늘은 내게 남은 인생 중에서 가장 빠른 첫날이다.

나이가 들어가면서 '어른'이라는 낱말에 대해서 가끔 생각해 보게 된다. 산이 높다고 해서 반드시 명산이 아니듯, 나이가 많다고 해서 다 어른이 되는 것은 아니다. 가려서 볼 줄 알고 새겨서 들을 줄 알며 내가 중심이 되기보다는 남을 먼저 생각하고 배려할 줄 아는 지혜가 어른을 어른답게 한다.

나이가 들면서 생긴 욕심인데 요즘은 다른 사람들에게 오래 기억되는 사람이 되고 싶어진다. 가까운 사람들에게서 내 존재가 잊혀지는 것은 참을 수 없다는 생각이 든다. 뿌린다고 다 열매가 되지는 않고 열심히 산다고 잘사는 것도 아니지만 그러할지라도 마음에 쌓이는 먼지를 끊임없이 닦아내는 작업을 계속하면서 사람들과의 관계망을 도탑게 하고 싶다.

인생에서 가장 착각하는 부분이 시간이다. 누구에게나 하루 24시간 1년 365일 똑같이 주어지지만 그러나 같은 1분이라도 쓰는 사람에 따라서 가치는 엄청나게 달라진다. 1분은 사람의 생명을 구하는 시간이 될 수도 있고 반대로 목숨을 빼앗는 시간이 될 수도 있다. 앞으로 많은 시간이 남은 듯 보여도 지금 이 순간 나를 스쳐가는 시간은 한 번밖에 없다. 그것은 기회이자 찰나이다. 찰나와 순간처럼 보이는 시간이 쌓이고 쌓여 결국에는 우리 인생의 길이 되는 것이다. 그러므로 한 개의 결실을 이루기까지 비바람에 시달리는 날들도 많았지만 비와 바람과 햇빛을 받으며 살아온 날들 또한 잊어서는 안 된다.

주위를 살펴보면 더러는 자식과 남편만을 위해서, 그리고 남에게 보여 지는 삶을 위해서 사는 사람이 있다. 입으로는 세월이 너무 빨리 흐른다, 라고 말하지만 정말로 시간을 소중히 쓰는 사람도 그리 많지 않다. 나 역시 그렇다. 온갖 세파에 시달리고 갖가지 상황을 접하면서 여기까지 오지 않았는가.

그러나 이만큼 잘 익어가는 일도 아무나 하는 것은 아니다. 불행히도 도중하차 하는 사람을 보라. 여기까지 이르는 데도 물살을 거슬러 헤엄치는 힘과 용기가 수없이 필요했었다. 그 과정은 엄청난 고난의 연속이었다고 회상한다. 이것이 두려워 물살에 몸을 내맡기고 마냥 떠내려가는 것은 얼마나 나약한 행동인지. 세월이 갈수록 기억은 희미해지지만, 열정은 나를 더욱 부채질하고 활력화 시킨다. 열정이 없으면 그야말로 쓸데없는 노인이 되고 만다는, 두려움으로 부터의 탈피이다.

누군가가 인생에는 세 가지의 여유로움이 있어야 한다고 했다. 하루는 저녁이 여유로워야하고 일 년은 겨울이 여유로워야 하며 인생은 노년이 여유로워야 한다는 것이다. 자신보다 자신의 인생을 더 잘 아는 사람은 없으니 날씨는 못 바꾸지만 인생의 날씨는 바꿀 수 있지 않을까. 삶의 끈을 놓지 않고 끝까지 자신의 삶을 가꾸어 나간다면 말이다. 나이 든다고 모든 것을 잃는 상실감에 빠져서는 안 된다. 때론 가랑비로, 때론 소나기로, 때론 작달비로, 우리의 삶을 적시며 지나간 숱한 경험이, 지혜가 있지 않은가. 슬기롭게 살아가는 지혜를 나눠주며 멋있게 익어가는 모습을 보여주자.

그리움은 친구들에게로 줄달음친다. 그들은 지금쯤 어떻게 변했을까. 그들에게 비춰진 나는 또 어떤 모습일까. 이 가을에 마주 앉아서 빛 고운 단풍처럼 서로의 마음을 물들이고 싶다.

은밀한 속삭임

1. 실비

실비가 내리고 있다.

유유히 흐르는 강물에도 잘 익은 산딸기와 오디열매에도 소리 없이 내리고 있다. 실비는 달콤한 산딸기에게 속살거린다.

"왜 이렇게 아직도 매달려 있니?"

"며칠만 있으면 할아버지의 손자가 온단다. 그 아이들에게 보이려고 기다리는 중이야."

옆에 피어있는 노란 장미가 이맛살을 찌푸리며 못마땅한 듯 투덜댄다.

"난 미세 먼지를 많이 덮어 쓰고 있어서 갑갑해. 그래서 세찬 비가 필요해."

실비가 노란 장미 얼굴을 간질이며 다독인다.

"나도 신나게 내리고 싶지만 산딸기와 오디들의 부탁을 거절할 수 없구나."

실비는 바람을 타고 접시꽃에게로 가버린다.

산딸기와 오디도 이중창 하듯 노란 장미를 달랜다.

"미안해. 이번에 못 만나면 또 일 년을 기다려야 하잖아. 그 애를 만날 수 있도록 조금만 기다려 주렴."

옆에서 듣고 있던 모든 시금치, 상추, 부추들이 한꺼번에 불평을 터뜨린다.

"비가 많이 오지 않아서 다들 온몸이 마르고 있어. 우리는 비가 필요해."

실비는 바람을 타고 여기저기 바쁘게 돌아다니며 꽃들을 달랜다.

세상에서 가장 아름다운 마음은 나보다 남을 먼저 생각할 줄 아는 배려하는 마음이라고.

2. 접시꽃

논둑길에 접시꽃이 방긋 웃는다. 집 마당과 밭에서도 해사하게 웃는다. 올해는 왜 자기를 보러 오는 사람들이 없느냐고, 혹시 더 예쁘게 핀 꽃들에게 가버렸냐며 샐쭉 풀죽은 표정을 한다.

"아니야. 우리 집을 흐드러지게 점령해버린 너희가 얼마나 예쁜데!"

허리를 굽혀 꽃들 가까이 얼굴을 대며 쓰담쓰담 토닥인다.

접시꽃이 부산 집에서 이곳 김해로 시집 온지는 벌써 4년째다. 처음엔 씨앗만 받아서 뿌렸는데 그 씨가 해마다 식구를 늘여갔다 할아버지, 아버지, 아들…… 조금 있으면 곧 손자도 보게 생겼다. 무성하게 뻗어 나가는 접시꽃이 감당하기조차 어려울 정도다.

처음 옮겨 올 땐 꽃씨 한 봉지를 얻어와 텃밭에 심었다. 이곳에서 다시 터를 잡고 잘 살아보자고 말해주었다. 하지만 그 해는 잎만 나고 겨울이 와버렸다. 다음해, 뾰쪽뾰쪽 돋아난 새순을 보고 얼마나 신기하고 반갑던지 환호했다. 겨울 동안 행여 얼어 죽을까 하여 흙을 덮어주고 햇살 좋은 곳으로 옮겨주며 딴은 법석을 떨었으니까.

봄이 오니 접시꽃 줄기에 새순이 돋고 잎이 올라왔다. 그리고 얼마 후에는 봉오리가 맺히며 키가 쑥쑥 자라니 얼마나 신기하던지. 세상을 다 얻은 것처럼 기뻤다.

어느 날 아침 내다보니 밤사이에 벌어진 봉오리 사이로 그 예쁜 빨간 꽃이 펴 있었다. 연이어 여기저기에서 다투어 올라오는 접시꽃을 보러 날마다, 날마다 텃밭으로 달려가는 일이 일상의 시작이고 즐거움이 되었다. 마침내 엄청 튼실하게 자라는 접시꽃은 우리 집 구석구석까지 다 점령해버렸다. 빨강 꽃, 흰 꽃, 짙은 분홍과 연분홍…… 집 뜰과 앞밭에서 서로 몸을 부비며 옷 자랑에 키 재기까지 하고 있다. 이제는 접시꽃이 가족계획을 해야 하는 거 아닌가, 엄살 같은 생각도 든다. 온통 접시꽃 세상이다.

접시꽃은 화내는 법이 없다. 언제나 활짝 웃는 얼굴로 눈웃음친다. 꽃들의 꽃 같은 마음이 내 마음까지 점령한다. 비록 향기는 없지만 화내는 법이 없는 너희가 좋다. 너희와 나누는 매일의 속삭임이 내 하루를 풍성케 하는 은밀함이 된다. 접시꽃을 노래한 어느 시인의 심성처럼.

인생 제 3막

늙음이란 나이를 셈하는 것이 아니다. 인생 3막의 새로운 시작이다. 1막은 20대까지 사회에 나서기 위한 기본기를 다지는 때라면 2막인 삼십 대에서 오십 대는 준비한 것으로 사회에 나가서 당당하게 자기 꿈을 펼치는 때에다. 그리고 육십 대 이후인 3막은 열심히 살아온 젊은 날을 정리하고 사회의 통념과 구속을 벗어나서 자유롭게 자기의 삶은 색칠하며 즐길 수 있는 기간이다. 당당하고 멋진 노인이 되느냐, 지탄받고 짐이 되는 인생으로 끝날 것이냐 하는 문제는 1막과 2막의 시기가 아주 중요한 단초가 된다고 할 수 있다.

노년을 음악에 비하면 느린 속도로 연주하는 안단테 Andante이다. 그래서 피날레를 잘 장식하려면 혼신의 노력으로 몸과 마음을 태우는 열정으로 살아야 한다. 어떻게 하면 멋진 사람으로 늙어갈 수 있나? 나의 최대지론은 가정에서, 사회에서, 국가에서, 아주 작은 한 부분이라도 필요한 사람이 되도록 해야 한다는 것이다. 한숨만 쉬고 한탄만 하며 덧없이 늙어만 간다는 부질없이 나약한 생각은 저 멀리 던지자. 노익장을 과시하며 청춘의 열정을 꺼뜨리지 않으며 나이는 들었어도 젊은이다운 패기를 유지하도록 애써야 한다. 이런 마음만 있다면 그야말로 나이는 숫자에 불과하다고 당당하게 말할 수 있다.

며칠 전 지하철 안에서였다. 바로 옆 칸에서 왁자지껄한 소리가 들렸다. 가만히 들어보니 사건의 발단은 한 노인이 내리면서 일어났다. 하차하는 노인이 출구에 서 있는 사람을 보고 좀 비켜달라고 말했다. 상대는 말을 놓는다고 하면서 나이를 따졌고 내려야 할 노인은 내 나이 칠십, 이라며 큰소리를 탕탕 쳤다. 서 있던 사람은 다시, 칠십이 나이냐면서 더 큰소리를 낸다. 얼마나 어처구니없는 실랑이인지. 나이 많은 게 무슨 벼슬이라고. 무료승차하는 나이가 무슨 훈장쯤이나 되는 것으로 여기는 것인지 둘 다 한심하기 짝이 없다는 생각을 버릴 수가 없었다.

우리 사회에서 나이가 많은 사람이 대접받는 시대는 이미 끝이 났다. 젊은 사람들에게 노인세대는 작금의 사회에 잘못된 폐단을 남기고, 노인복지의 짐을 떠 얹는 부담스러운 존재가 되었으며, 불통 세대로 분류된 지 오래다. 어디 가서 나이 따지고 부모도 없냐고 따졌다가는 낭패를 보기 십상이다.

나 역시 젊어서는 잘도 넘어 가던 것이 나이 들수록 그냥 넘어가지 못해서 스스로 우울해 할 때가 잦다. 아집만 늘어 가면 어쩌라고…… 갈수록 시력이 좋아지는 것도 아닌데 눈에 거슬리는 것은 또 왜 이다지도 많은지. 가까운 지인들의 단점이 요즘 들어 더욱 눈에 잘 띈다. 이해하고 넘어가면 그만인 것을 꼭 꼬집어 사리분별을 하려고 드니 나이를 헛먹었나 싶다. 나도 내 마음에 들지 않음을 어찌하랴. 멋지게 잘 늙어가자고 다짐할수록 마음은 점점 좁아진다. 행동반경도 갈수록 줄어든다. 이 무슨 조화인지!

나이 들어 갈수록 마음을 다듬고 가꾸어야 한다. 부패해 가는 겉모습이 문제가 아니라 자기내면을 아름답게 관리할 줄 알아야 진정으로 멋진 삶을 추구할 수 있다. 노년이라는 인생 제 3막의 삶을 완숙되고 아름답게 살기위해서, 힘과 여유가 조금이라도 남아 있을 때, 노년을 준비해야 한다. 노후준비를 소홀히 하면 큰 불행을 만나게 된다. 일찍 죽지 않는 한, 누구나 노년은 겪어야 하는 인생의 과정이다. 요즈음 백세 시대를 운운하는 만큼 정작 해결해야할 문제는 먼저는 건강이요, 다음은 물질이 아닐까.

나는 요즘 내 나이를 자꾸만 거부하고 싶어진다. 언제, 무엇이 나를 노인이라는 위치에다 옮겨 놓았을까. 요즘은 엇비슷한 사람끼리 만나면 나이도 묻지 않고 자식 상황도 묻지 않는다. 행여 아직까지 결혼을 못한 자식이 있을까 저어되기 때문이다. 그래서 나이가 들면 궁금한 것도 참을 줄 알아야한다. 얼마나 물색없이 나서면 '나이가 들면 입은 다물고 주머니는 열라'는 말까지 생겼겠는가. 그래도 눈치가 없는 사람은 여전히 나이를 묻고, 자식이 몇이고, 결혼은 했느냐고 묻는다. 남의 일이 왜 그리 궁금한지 모를 일이다.

기승을 부리던 더위가 요즘 들어 시간 앞에서 납작 꼬리를 내렸다. 갈수록 가을 냄새가 물씬 난다. 여름식물과 가을식물들이 자리바꿈을 하고 날마다 작열하던 태양도 서서히 기세가 꺾이고 있다. 가을 앞산의 그림자도 제 모습을 뚜렷이 드리운다. 아침마다 울던 뻐꾸기는 고향으로 갔는지 그 울음소리마저 사라지고…….

하늘이 점점 짙푸른 색으로 변한다. 허공을 높이 맴돌던 고추잠자리는 보이지 않은지 오래다. 텃밭에는 오이나무가 자기소임을 다했다고 시들어 가고 가지도 풀 죽은 모습으로 고개를 꺾었다. 볼 빨간 열매를 맺던 토마토는 서서히 끝물 작업에 들어가고 붉게 물든 고추는 마지막 힘을 다하여 애처롭게 매달려 있다. 이제 제철을 만난 고구마만이 힘이 나서 뿌리 불리기에 힘쓰고 있구나…… 자기소임을 다하면 미련 없이 차지했던 자리를 비켜주고 떠나는 자연의 오묘한 섭리에 절로 고개가 숙여진다.

영원한 것은 없는 모양이다. 영원할 것 같은 여름도 가을 앞에서는 꼬리를 내리고 식물들은 이처럼 마무리 채비를 하고 있다. 가슴이 시리도록 그리운 나의 그 무엇도 어쩌면 사라지고 떠나간 세월 때문인지도 모른다. 지금 이렇게 가고 있는 여름도 내 살아 있는 날의 한 조각 기억 속으로 사라지겠지. 시간이 지날수록 알알이

박혀서 꿈이 되겠지. 몹시 아쉬워하겠지만 잡을 수 없는 것이 세월이고 시간이다.

저만치 지나쳐 와서 돌이켜 보면 손에 쥐고 있을 땐 작아보이던 행복이 놓치고 보면 아주 큰 것으로 보인다. 자기소임을 다했다고 만족하면서 떠나가는 사람들은 과연 몇이나 될까? 아쉬워하면서 삶의 끈을 놓지 못하는 사람들. 오늘이 마지막인양 생각하고 살라고 하지만 삶의 끝이 어딘지 모르는 우리는 자꾸만 움켜쥐려고 욕심을 부린다. 이 욕심은 언제쯤 두 손에서 내려놓을지…….

어영부영 하다가 청춘도 지나고 노년도 흘러간다. 생을 모두 보내기 전에 활기찬 노후를 보내고 가치 있는 삶을 살아 갈수 있도록 매일을 다듬어 보자. 노년은 새로운 삶의 시작일 수 있다. 어떻게 하면 한세상 잘 살다 웃으며 떠나는 노인이 될 수 있을까. 생각이 꼬리를 물 때마다 오늘 하루 멋지게 살기를 다짐해본다. 시간은 군상 속으로 자꾸만 떠밀려 가는데…….

1박 2일

가을이면 으레 치러지는 행사가 있다. 우리 집 농원에서 벗들과 즐기는 연중행사이다. 먼 길을 마다 않고 오는 그들을 위해 이것저것 미리 챙기는 나의 손길이 조금은 바빴다.

승용차 두 대에 나눠 타고 김해로 달렸다. 전형적인 가을 날씨지만 아직도 낮엔 조금 덥다. 시골이 점점 가까워질수록 도로변에 보이는 감 밭에 주렁주렁 달린 감들이 우리의 눈길과 입맛을 자극한다. 논에는 누렇게 익은 벼들이 황금벌판을 이루고 밭둑에는 잘 익은 호박들이 넝쿨 채 매달려 뒹굴고 있다. 바라보는 눈을 대변한 입들이 탄성을 자아낸다. 역시 가을은 결실의 계절이야!

도착하자마자 친구들은 감 밭으로 달려가 감을 따기 시작했다. 감을 따는 데도 요령이 필요하고 절차가 있는데 손으로 빙빙 돌려서 따는 걸 보니 성급하기 짝이 없고 우습기까지 하다. 이처럼 맛있는 감은 태어나서 먹어본 적이 없다며 도무지 속도 조절을 안 해서 체할까 겁이 난다. 이렇게 멋진 자연을 감상할 생각은 하지 않고 감 하나에 정신이 팔리다니! 연이어 무화과도 따고 호박도 따고…… 모든 열매들을 싹쓸이할 기세이다. 같이 간 남편에게 조금은 미안한 생각마저 든다. 나는 먹을 만큼만 따고 숙식할 수 있는 재실齋室로 가자며 앞장 서 재촉했다.

재실齋室은 우리 집에서 얼마 떨어지지 않은 곳에 있

다. 25년 전 집안에서 힘을 모아 지어놓은 것인데 한 달에 한 번씩 돌아가며 대청소를 하는 덕분에 어디를 둘러보아도 깨끗하게 잘 보존되어 있다. 마침 앞 달은 우리 집이 당번이어서 더욱 정성들여 청소를 했다. 마당에 잔디도 보기가 좋았다.

방에 군불을 지폈더니 금방 찜질방처럼 뜨끈뜨끈 해졌다. 우리는 식사 준비를 하였다. 부산에서 가지고 온 닭 세 마리를 가마솥에 넣고 장작을 때어 삶아 먹으니 맛이 일품이다. 나무 태워 삶아먹는 닭 맛이 도시에서 먹는 닭 맛과 이렇게 다를 수 있느냐며 모두들 걸신들린 사람처럼 먹어 치운다.

참 잘도 먹는다. 조금 전까지 무화과와 감을 몇 개씩이나 따 먹고 거기다가 닭백숙과 죽까지 먹고는 배가 불러 죽겠다고 야단이었다. 그러더니 이번에는 옆에 있는 감 소쿠리를 끌어당긴다. 식탐이 또 발동하는 모양이다. 도대체 어디까지인지 끝이 궁금하다. 세상에서 사람 배만큼 큰 창고는 없다더니 정말 이래서 하는 말인가 싶어 웃음이 났다.

이제 모두 나이 앞자리 수에 6자가 붙은 친구들이다. 이쯤 되면 자연도 즐길 줄 알고 먹는 것도 절제할 수 있어야 할 때가 되었건만…… 갑자기 내 속이 불편해졌다. 모든 열매들이 농부의 손에서 어떻게 자라서 익어가는 지도 생각해 보고, 자연을 감상할 줄도 알며 소중히 여겨야 하는데 다만 먹는 데만 열중하는 것이 내심 못마땅했다.

소화도 시킬 겸 해서 함께 동네를 산책하기로 했다. 감미로운 가을바람이 뺨을 스친다. 한적한 시골길이 우리들의 발자국 소리로 시끄러워진다. 이곳은 내가 시집올 때만 해도 전기불이 없는 그야말로 전형적인 시골이었다. 처음 왔을 때 집이 왜 이렇게 어둡냐고 했더니 정전이라고 했다. 하지만 밤이 되자 나는 그것이 거짓말인 것을 알았다. 천정에는 전구가 하나도 달려 있지 않았고 가물가물 흔들리는 초롱불이 방마다 밝혀졌던 것이다. 남편은 겸연쩍은 듯, 여기는 민속촌이라며 웃음을 지어보였다.

지금처럼 가을이면 운동회가 열렸다. 동네 어르신들은 무슨 잔칫날처럼 모두 참석하여 즐기곤 했다. 그 때만 해도 80호 가량에 인구 190명 정도가 살고 있었는데 지금은 약 50가구에 인구 65명가량이 거주하는 조용하고 적막한 마을이 되었다. 4대강 사업으로 시골 농토의 절반이 사라져버렸고 그 사업으로 보상을 받은 이들은 모두 부자가 되었지만 언젠가부터 자식들은 도시에서 공부를 한다며 하나둘 시골고향을 버리고 떠나갔고 연세 든 부모들만 남아 있는 고령화된 마을로 변해버렸다.

그래도 비워지면 채워지는 것이 세상 이치인가 보다. 지금은 폐교가 되어버린 초등학교에 출판사가 들어섰고 동네에는 가족 극장이 생겼다. 사찰과 교회도 들어섰다. 조그만 동네이지만 없는 것 없이 다 있다. 3차 변화가 다시 일어난 셈이다.

동네를 한 바퀴를 돌고 재실齋室에 돌아왔다. 방문을 여니 후끈후끈 열기가 밖으로 뛰어나온다. 구들장이

충분히 달구어진 모양이다. 방에 들어오자마자, 친구들은 아랫목에서 수다를 풀어놓기에 열을 올렸다. 어떤 음식이 몸에 좋고 어떤 음식이 병에 좋은지. 집에 남아 있는 가족들 걱정은 아예 하지 않고 모두 자기 건강 문제로 이야기가 이어진다. 하긴 이만큼 살았으니 몸도 아플 만하고 제 몸을 보살 필 때가 되었다. 갑자기 젊었을 때의 열정이 그리워졌다.

친구들은 금전적으로나 사회적, 경제적으로 기반이 탄탄이 잡혀 있고 남편들 또한 저명인사들이다. 말하자면 모자람이 없는 사람들이다. 하지만 아쉬울 것이 없다고 채워진 것에 만족하고 있으면 어른다운 어른의 성숙에 이르기는 어렵지 않을까. 물질에 집착하지 말고 하나씩 비울 줄 알아야 떠날 때 잘 떠날 수 있을 텐데…… 노파심에 물끄러미 쳐다볼 즈음, 이야기에 열을 올리던 친구들은 한 사람, 두 사람 잠에 빠져 들어갔다.

시골의 아침 공기는 너무나 상쾌하다. 어제 따온 애

호박으로 갈치찌개를 끓였다. 배부르게 먹고 난 뒤, 커피 한 잔이면 아침 식사시간은 마침표! 다시 감 밭으로 나가서 감을 땄다. 호박이며 무화과, 대추도. 잠시 못마땅했던 마음에 미안함을 느끼며 나는 차반처럼 더 많은 과실을 담아 주었다.

입맛 가득 가슴 가득, 가을을 채우고 돌아오는 길에도 그들의 수다는 끝이 없다. 그야말로 낙랑 십팔 세가 따로 없다 싶다. 십대와 이십대를 지나 육십 대까지를 모두 포함하고 있는 나이 탓이리라. 오늘의 1박2일도 언젠가 다시 돌아볼 추억의 갈피 속에 남겨지겠지. 그리운 날의 더 진한 그리움으로 말이다.

회장 팔자

대학 동문회가 있는 날이다. 외출 준비에 한참 분주한데 남편의 한 마디가 귓전을 울린다. 남편 말인즉 제발 회장은 이제 그만 맡으라고 한다.

"야!"

큰소리로 대답은 잘하고 나왔다. 하지만 어쩌나. 회의 장소에 가니 올해엔 회장을 꼭 맡아야 한다고 여러 동문들이 막무가내 밀어붙인다. 처음엔 절대로 못한다고 거절했지만 모두가 안한다니 결국은 승낙하고 말았다. 나는 왜 이토록 마음이 약할까?

회장을 맡고 보니 여러 가지 일들이 산재해 있다. 관심없는 회원들을 격려하여 적극적으로 참여시키기, 후원금 유치문제, 회원단합 등, 회장이 맡아서 관리해야 할 일들이 한둘이 아니다. 부회장과 총무는 스스로 한번 해 보겠다는 사람들이 많이 나와서 그나마 얼마나 다행인지.

이왕 맡은 것, 어떻게든 운영의 묘를 살려야겠다고 다짐하면서 집으로 돌아왔다. 회장은 안 맡았겠지? 하는 남편의 한 마디가 총알처럼 날아든다. 양심이 찔린 나는 화제를 바꾸면서 방으로 들어섰다.

"이번에는 찬조금을 얼마나 낸노?"

이미 눈치로 사태파악이 끝난 남편이 다시 다그친다. 나는 많은 사람들이 도와준다면서 적당히 얼버무렸다. 사실 남편에게는 미안한 마음이 없지 않다. 남편과의 신의를 저버린 셈이 되었기 때문이다. 앞으로는 모임을 하나씩 줄여서 시골에서 함께 전원생활을 하겠다며 철석같이 약속해 놓고 또다시 일 하나를 더 맡아 왔으니 말이다.

남편은 시골에서 전원주택을 지어서 내가 오길 기다리고 있다. 곳곳에 꽃을 심어놓고 먹거리와 여러 가지 과일나무를 심어두고 꽃이 필 때마다 시골 풍경을 보지 못한 나를 안타깝게 생각하고 있다. 오늘은 무슨 꽃이 피었고 참외와 수박도 열었다고 부산에 있는 나에게 전해준다. 이 무슨 운명이람. 둘이서 전원생활을 즐기자고 해놓고 처음 일이년은 친구들과 지인들을 초청하기에 바빴다. 이제는 시간이 없어서 거의 가지 못하니 목이 빠지게 기다리는 남편에게 죄송하다. 나는 언제쯤이면 모든 것에서 해방이 될까?

생각해보니 회장도 여러 종류가 있다. 젊었을 땐 부녀회장. 문고회장 연제소식지에 신문기자. 구 가사봉사회장 중년에는 연육나눔 회장. 동 자치위원장. 이외에도 무슨 홍보위원장 평화통일위원 도서관 운영위원장.

친구들 계모임 회장 참 많기도 많다. 내 젊음이 이렇게 흘러가버린 것 같다. 아직까지 ing 라니

각 단체에서 맡는 '회장'이란 게 돈이 생기는 일이 아니다. 봉사 차원에서 맡는 역할이다 보니 자신을 위해 써야할 시간과 정신을 그곳에 오롯이 투자해야한다. 그러다 보니 자연히 시간에 쫓기게 되고 내가 원하는 생활이 아닌 방향으로, 일도 생활도 흘러가기 마련이다. 도대체 내가 맡은 회장이 몇 개나 될까, 헤아려 보니 지금도 다섯 개나 된다. 동문회회장. 자치센터 단체장, 도서관 운영위원장 문인 모임 회장, 친구 모임 회장 등…….

생각할수록 머리가 지끈하다. 아무리 생각해도 힘에 겨운 것 같다. 이제는 나를 위해 살아야겠다고, 활동을 하나씩 줄이겠다고 결심했는데 또 다시 족쇄 하나를 더 얹어 옥죄이다니.

성격이 문제다. 나는 어디에 가든 잘못된 것은 보지 못한다. 적당히 좀 넘어가야 하지만 그 '적당히'가 안 된다. 어쩔 수 없이 나서게 되고 총대를 매게 된다. 그래서

손해 보는 일도 잦다. 그런데 일을 감당하는 것도 한계가 있는 법. 한꺼번에 이곳저곳 너무 많은 것을 맡다보니 정신이 분산되어서 내가 원하는 목표 달성에 이르지 못할 때가 있다. 아마도 그 시점이 지금이 아닌가 한다.

젊어서부터 내 신조는 '하면 된다' 이었다. 그래서 남들이 힘들어하고 귀찮아하는 문제들을 나는 곧잘 맡아서 해결했다. 나이는 들어가는데 마음의 열정은 왜 이리도 식지 않는지. 건강도 챙겨야 하고 경제도 챙겨야 한다는 생각이 언뜻언뜻 들지만 잠시 뿐이고, 여전히 걸머져야 할 회장님 업무가 무궁무진 머리에서 맴돈다. 이 일도 해야 하고 저 일도 해야 하고…… 목표 지점까지 하루바삐 끌어올린 다음, 후배들에게 넘겨주어야지. 친구 말대로 전생에 내 직업은 '회장' 이 아니었을까. 그래도 집에서는 회장이 되지 못하고 있다.

나이 들수록 한 박자 느리게 살아야겠다는 건 생각뿐, 오늘도 '회장님'은 모임 준비에 갈 길이 급하다.

제4부

평상, 낮아지다

평상, 낮아지다

우리 집 마당에는 평상 하나가 놓여 있다. 낮이면 밭에서 일하다가 새참을 먹는 장소로 요긴하게 쓰이고, 밤이면 감미로운 들바람에 시골의 낭만에 젖어드는 장소가 되기도 한다. 네 기둥에 지붕까지 얹혀 있어서 지난날 강호가도를 즐긴 사대부들의 정자가 부럽지 않다. 굳이 한 가지 흠이 있다면 깍두기 인사를 하듯 고개를 숙여 올라앉아야 한다는 점이다. 하지만 이 평상의 지붕이 처음부터 이렇게 낮았던 것은 아니다.

2016년 9월 말, 한반도에 역대 급 강풍이 몰아쳤다. 제18호 태풍인 차바이다. 차바는 꽃 이름 중 하나로 태국에서 제출한 명칭이라고 한다. 한반도에 상륙할 당시 태풍 중심 기압이 955hPa, 최대 풍속이 시속 144km에 이르러 매미 이후 세 번째로 꼽히는 강력한 힘을 가졌다고 전해졌다.

태풍이 지나간 뒤 시골집이 걱정되어 급히 도요를 찾았다. 조용한 우리 시골 동네의 묵은 때를 깔끔히 벗겨놓기라도 하듯 마을길이 훤하게 보인다. 길거리는 바람과 폭우로 빗질되고, 바라보이는 집과 자동차들도 한결 깨끗하고 산뜻해졌다.

시골 주택에 들어서니 왠지 마당이 넓어보였다. 이곳저곳 시선을 옮겨보니 마당 한쪽을 지키고 있던 평상 지붕이 태풍에 날려가 없어져버린 까닭이다. 기둥과 평상만 남은 모습이 마치 폐허로 남은 로마제국의 신전처럼 을씨년스럽기까지 하다. 지붕 무게만 하여도 대단한 데 도대체 어떻게 공중 부양된 것일까. 황당했다.

어디로 날라 갔을까? 가까운 곳을 중심으로 찾아보았는데 생뚱맞게도 몇 십 미터 떨어진 밭 한 귀퉁이에 떨어져 있다. 눈으로 보고도 믿어지지 않았다. 태풍의 힘이 이토록 엄청날 줄이야.

하긴 평상 지붕이 날아갔다 해도 별로 속상할 건 없었다. 지나치게 높이 설치된 평상 지붕을 늘 못 마땅히 여겨오던 터였으니까. 쓸데없이 높으니 휑하기까지 해서 다시 낮출 수 있는 방법이 없을까 고민도 했다. 뜯자니 새 평상이라 아직은 아깝고…… 이 생각 저 생각 궁리만 하고 있었는데 차바가 단숨에 날려버려 준 것이다. 한편으로는 처리를 해주어서 고맙고, 또 한 편으로는 그동안 백안시한 것이 미안했다. 그 녀석도 주인의 마음을 눈치 채고 서운타, 하며 떠났을까.

밭농사를 살펴보았다. 평소 같으면 키 큰 작물들에 가려서 키 작은 작물들은 눈여겨보아야 눈에 띄었다.

그런데 그날은 사정이 달랐다. 키 큰 작물들이 몽땅 볼품없이 쓰러져 있는 게 아닌가.

키 큰 농작물들은 바깥주인을 닮았다 하고, 키 작은 농작물들은 나를 닮았다며 키 작은 나를 놀리듯 남편이 너스레를 떨곤 했는데 태풍이 지나가고 보니 키 큰 농작물들이 그 잘난 키 때문에 모두 넘어지고 만 것이다. 올봄 밭가에 심은 접시꽃도, 밭의 삼분의 일을 터줏대감처럼 차지하고 있는 들깨도, 돼지감자도 다 기세가 꺾여 땅바닥에 엎드려 있다.

그 밑으로 키 작은 작물들이 얼굴을 내민다. 그 짧은 모가지를 빳빳이 세우며 끄덕도 하지 않은 강인함을 알아달라는 듯하다. 그러고 보면 세상살이는 크고 작은 것이 조화되고 넓고 좁은 것이 병존하며 강하고 약한 것이 어우러져 모두가 제 나름의 존재 가치를 가지고 있음이다. 다 좋은 것도 없고 다 나쁜 것도 없으니 잘났다고 혼자 우쭐댈 일이 아니라는 말이다. 다만 '새옹지마'처럼 순환되는 자연의 섭리가 있을 뿐.

감나무를 돌아보니 몇몇 가지는 부러지고 잎은 떨어져 비 젖은 땅바닥에 축축이 누웠다. 그럼에도 끝까지 매달려 남아 있는 감들은 더욱 싱싱하다. 어쩜 저렇게 버텨내어 꿋꿋이 매달려 있을까. 무거운 평상 지붕도 힘없이 날라 갔는데…… 제 열매를 떨어뜨리지 않겠다고 얼마나 애를 썼을까. 제 결실을 지키려는 의지에 마음마저 뭉클해졌다.

해마다 여름이 되면 앞으로도 대지와 자연을 흔드는 태풍은 어김없이 다시 올 것이다. 아니 차바보다 몇 배나 더 기운 센 태풍이 우리를 위협할지도 모른다. 하지만 태풍을 통해서 키 작은 농작물은 나름대로의 자기 품위를 단단히 지켜낸 자부심을 갖게 되었고, 부서진 평상 지붕은 나지막한 자태로 내 마음에 쏙 들게 다시 고쳐졌다. 우리네 인생도 그러하겠지. 태풍이 지나간 흔적이야 아픔처럼 남겠지만 고난을 당할수록 힘이 들수록 더 단단해지고 내공이 쌓여가는 것이 제대로 익어가는 사람의 성숙한 정도가 아닐까.

허리를 깊숙이 구부리며 낮아진 평상 지붕 아래로 들어가 앉는다. 지붕이 낮아진 덕분에 편안하고 아늑하여 절로 눈이 감긴다. 사람도 이처럼 낮아지고 겸손해질 때 포근함과 아늑함, 편안함을 줄 수 있다는 평상의 가르침을 듣는다. 태풍 뒤의 상쾌함. 얼굴에 와 닿는 바람이 좋다.

금실계

이제 여섯 명이다. 불과 한 달 만에 두 명이 줄었다. 있는 것과 없는 것의 차이. 존재에 대한 엄중한 가치관이 한순간에 아무 것도 아닌 것으로 여겨진다.

우리 친목회의 인원은 네 쌍, 여덟 명이었다. 25년 이상 유지하고 있는 부부 모임이어서 그 친밀함이 남다르다. 남편들의 직종도 다양했다. 한 쌍은 남편이 전직 초등학교 교장 선생님이었고, 또 한 쌍은 서비스업에 종사했던 간부. 다음 한 쌍은 운수회사 사장님이고, 마지막 한 쌍은 건축업을 하는 사장님이었다. 얼마 전, 그 중 두 사람을 며칠 간격으로 잃었다. 믿기지 않았다. 도무지 적응이 되지 않는다.

우리는 매달 두 번째 토요일 저녁에 만났다. 모일 때마다 그간 일어났던 일과 수다로 스트레스를 날려 보내며, 맛있는 음식과 뒤따르는 술에 다들 마음까지 양껏 부유해졌다. 물론 수차례의 국내 여행과 외국여행에도 함께 했다. 한동네에 같이 살면서 우리 둘째아이 초등학교 때, 학부모들 모임에서 알게 된 사이니 그 역사와 전통을 자랑하지 않을 수 없다. 계는 여자들의 삶의 활력소도 되지만 서로의 정보를 교환하고 지난날의 두레처럼 서로를 품앗이하기도 한다.

그 중 한 친구의 고향은 홍게가 많이 잡히는 동해안 후포항 근처이다. 친정아버지가 어선을 가지고 있어서 방문할 때마다 살아 있는 홍게 및 고동을 마음껏 맛보는 특혜를 누렸다. 품질 좋고 가격이 저렴한 물가재미,

한치, 오징어, 방어 등, 갖가지 신선한 생선들을 아침 경매를 통해 구입할 수 있었다. 커다란 광주리에 게를 푸짐하게 사서 삶아먹은 다음, 게딱지에 흰 쌀밥을 비벼 먹는 일은 둘이 먹다가 하나가 없어져도 모를 만큼 꿀맛이었다. 홍게와 회 고동 등, 좋은 술안주에 얼큰하게 취하게 되면 우리는 카세트를 켜놓고 구들장이 내려 앉도록 노래와 춤을 추면서 밤을 새운 날이 한두 번이 아니었다.

건설업에 종사하는 이는 우리를 통영 바닷가에 위치한 콘도로 자주 데려가 주었다. 통영 중앙시장의 자리돔 회 맛은 우째 그리 맛있던지…… 한 번은 중국 장가계를 여행하기 위하여 북경공항에 도착했는데, 안개 때문에 비행기가 뜨지 못하는 일이 발생했다. 우리 모두는 6시간이나 공항 바닥에 퍼질러 앉아 대기하다가 결국 포기하고 국내로 돌아온 일도 있다. 하지만 이런저런 변수가 생기는 날에도 단 한 사람도 투정부리거나 불평하는 일 없이 우리는 어디든지 함께 여행하며 재미나게 다녔다.

김해에 있는 우리 시집 동네에서 모임할 때는 또 다른 진미가 있었다. 낙동강 변에서 낚시도 하고, 수채화 같은 들판에서 철따라 피는 야생화를 언제든 볼 수 있었다. 4쌍 부부가 재실齋室에서 밤을 새울 때는 닭 삶는 가마솥을 걸어놓고, 먹기도 전에 그 내음에 입맛을 다시면서 수확한 고구마와 각종 과실을 곁에 두어 넉넉한 마음이 되어 밤새는 줄 모르고 이야기꽃을 피웠다.

친목회 이름도 하나같이 금슬이 좋다고 '금실계' 라고 지었다. 지금이야 모두들 정년퇴직을 하고 나름대로 인생 이모작을 지어가는 중이지만…….

그런데 지난 4월 둘째 토요일 모임을 파한 이틀 뒤에 갑작스레 한 사람이 이승을 떠났다. 수년전 건설회사 부도로 그동안 심한 스트레스에 시달렸는데 부인이 회사를 다녀오니 남편이 이미 숨을 거두었더라고 한다. 이제 겨우 칠십인데. 한참 재미있을 나이인데…… 한마디 말도 없이 가버리다니. 거짓말 같았고 망연자실했다.

또 한 사람은 보름 정도 뒤인 5월 초에 병원에 입원을 하였다. 넘어져 골절이 생겼는데 삼일 만에 뜻밖에 고인이 되어버렸다. 젊은 시절은 자식 키우고 생활의 필요를 위해 눈코 뜰 새 없이 살다가 이제 살 만하면 아쉽게 떠나는 게 우리 인생인가 보다. 더 기다려 주지 않는 시간들이 무정하고 무심하게만 느껴졌다.

죽음을 대할 때마다 아웅다웅 살지 말아야지, 다짐을 하지만 여전히 생활의 문제 앞에 서면 누구나 금방 긴장해버리고 만다. 멀리 바라보고, 좀 더 높은 삶을 살기를 작정한다. 남은 날들을 사랑하면서 후회하지 않도록.

지인을 한 사람씩 보낼 때마다 새로운 결심을 하게 된다. 나를 돌아보니 가진 게 너무 많다는 생각이 들었다. 집안을 휘이 훑어본다. 이 많은 짐을 다 어쩐담. 부담스럽다. 들이는 작업은 그만 하고 이제부터는 버리는 작업을 해야지 싶다. 그런데 이 나이에도 하고 싶은 일은 왜 아직도 많기만 한 것인지. 해 보고 싶은 일들이 한꺼번에 떠오른다. 사람의 운명이 내일을 기약하지 못한다면 지금 하고 싶은 것을 자꾸만 내일로 미루면서 하루 이틀 지날 일이 아니지 않는가. 무엇이 바쁜지 미루고만 살아가고 있는 내 삶을 돌아본다. 이러다간 남은 것 중 한 가지도 해보지 못하고 가버리면 어쩌지…… 조바심이 인다.

남편 둘을 보내고 여섯 명이 된 우리 모임은 이제 남녀비례가 어긋나버렸다. 남자 둘에 여자 넷. 두 미망인을 보듬으며 남은 노후를 씩씩하게 살아가자고 위로와 격려도 아끼지 않았다. 그리고 언제까지일지 모르지만 금실계 는 다섯 명 남을 때까지만 이어가기로 했다.

갑자기 남편이 더 소중하게 보인다. 언젠가는 제각각 떠나고 말 사이라면 살아있는 날 동안 더 사랑해야지. 온갖 채소 농사를 짓고 익은 과일을 따서 사흘이 멀다 하고 자식들 집으로 순회하는 남편. 무 농약으로 지은 농산품을 나눠주는 기쁨에 피곤한 것도 잊어버린 듯하다. 그이는 자식한테 주는 기쁨으로 남은 생을 보람되게 여기는 것일까. 자식이 조금이라도 먹어만 준다면 그것으로 만족해하는 남편을 보면서 나는 자식보다는 우리 부부의 시간을 챙겨야겠다는 내 욕심이 슬그머니 고개를 든다.

세상은 자꾸만 변질되어 간다. 부모자식 간의 세대 차이와 골도 깊어진다. 우리가 좋아하던 음식, 문화, 사고관이 모두 생경해졌다. 당연히 부모들도 하염없이 주는 데에만 집중하는 생각을 이제는 내려놓아야 할 시점이 되지 않았을까 싶다. 그리고 언제까지일지 모르지만 부부 중심으로 모였던 금실계 처럼 둘만의 남은 날을 더 따끈따끈 데우며 살아가야지. 금실계 파이팅!

Q 아저씨

시간이 빨리 오기를 빌었던 그 날이 드디어 왔다. 그날은 가랑비가 밤새 두근거리던 여자의 마음을 식혀 주듯 내렸다. 함께 탁구를 치던 친구 두 명과 약속 장소에 나갔다. 멀리서 우산을 쓰고 걸어오는 조그마한 몸매의 노신사가 탁구 라켓을 쥐고 휘두르듯 손을 흔들며 걸어왔다.

몇 년 만인지 모르겠다. 헤어진 후 25년은 넉넉히 넘었을 게다. 그때 친구와 나는 탁구장에서 만난 아저씨 한 분과 2년 가까이 탁구를 쳤다. 덕분에 늘 마음으로만 벼르던 탁구를 제대로 배우게 되었다. 두 명이 한 조가 되어 치기 시작하면 복식 탁구에 푹 빠져 시간 가는 줄 몰랐다. 쉬는 시간이 되면 커피도 사고 간식거리도 종종 샀다. 아저씨는 언제 보아도 핸섬한 신사였다.

과거라는 시간 속에 갇혀 있던 인연의 고리가 일순간 작은 틈새로 흘러나올 때가 있다. 내 경우 이 인연이 만남의 광장으로 나오기까지 이십 오년이 걸렸다. 잊었던 추억과 멀어져 간 젊음이 한순간 풀어헤쳐졌다.

아저씨의 아련한 목소리! 어떻게 살았느냐며 두 손을 덥석 잡았다. 추억이 탁구공처럼 통통 튀며 되살아났다. 노인이라기에는 너무나 맑고 고운 모습. 지난날 우리는 그분을 Q 아저씨라고 불렀었다. 가까이 다가와 마주서자, 때 묻지 않고 인정 많은 노신사의 모습으로 변해 있는 그를 자세히 볼 수 있었다. 그 연세를 생각하면 무슨 비결이라도 있는 것일까.

그 시절 우리는 사십 대였다. 혈기왕성한 때다. 그 즈음 탁구가 유행이었는데 우리 동네에는 조그만 탁구장이 있었다. 아침에 남편과 애들을 챙겨 보내고 나면 친구들과 나는 약속이나 하듯이 탁구장으로 모여 들었다. 다들 탁구를 잘 치는 사람과 파트너를 하려고 혈안이었다. 아저씨는 그때 60대 초로의 신사였고 우리는 사십 대, 아직은 꽃띠가 부럽지 않은 나이였다. 세월의 깊이 속에 잊혀져 버렸지만 지금 생각하면 그때 탁구공이 오갈 때마다 서로의 마음을 훔쳐보기도 하면서 약간의 묘한 감정이 오고 갔는지도 모른다.

큐라는 소리는 보통 영화를 찍을 때 시작을 알리는 소리다. 아저씨는 탁구를 한 번 치고 나면 반드시 그 소리를 질렀는데 어떤 소리보다도 마음을 움직이는 힘이 있었다. 자주 오래 듣고 보니 서로의 마음과 마음을 이어주는 소리같이도 들렸다. 그 소리 때문에 탁구가 더 재미있었는지 모른다. 남자의 호기였을까, 아니면 우리의 힘을 북돋우게 하는 소리였을까? 아무튼 큐 아저씨는 말없이 우리의 파트너가 되어서 탁구의 재미를 날로 느끼게 해 주었다.

얼마만인가. 그동안 무심한 세월이 우리 곁을 비켜 가버렸다. 이토록 오랜 세월이 지나서 큐 아저씨를 다시 만나게 될 줄은 생각지도 못했다. 만남이 약속된 뒤 아저씨도 가슴이 콩닥콩닥 뛰는 설렘을 느꼈다며 연신 웃었다. 그 연세에 뛰는 가슴이 살아 있다니. 정말 열정이 많은 분이다. 식사를 시켜놓았지만 식사는 뒷전이고 모두들 지나간 이야기에 푹 빠져 버렸다.

탁구 치던 그때 정년퇴임을 한 교장선생님도 한 분 있었다. 근엄한 표정을 늘 띄우고 있어 약간은 경직되어 보였는데 결국 이승의 행복을 많이 누리지 못하고 돌아가셨다. 연세가 많았던 탓이리라.. 우연이지만 탁구를 쳤던 친구 셋의 이름에는 모두 '련'자가 들어 있다. 애련. 명련. 연선. 모두가 '이을 연連' 자를 갖고 있어서 인연의 고리를 지금껏 이어가는 덕을 본 것은 아닌지. 만남의 기쁨도 이별의 슬픔도 다만 흐르는 시간 속의 일부일 뿐, 사람의 인연이란 힘으로 되는 것이 아니다.

국가유공자이자 군인장교 출신인 큐 아저씨는 이제 90세의 고령이 되었다. 부인도 85세인데 건강하게 살아 있다고 했다. 슬하에 1남3녀를 두었는데 모두 대학을 졸업하고 결혼도 하여 사회인으로서 건강하게 살아가고 있단다. 아저씨는 22년 간 복지관에서 명심보감, 논어, 영어, 스포츠댄스, 서예를 배웠고 지금은 영어회화와 단전을 배우고 있다고 했다. 그야말로 노후를 계획적으로 잘 보내며 사시는 것 같다.

다복한 가정을 가지신 분이다. 그동안 만나지 못해도 어떻게 살아 오셨는가를 한눈으로 읽을 수 있었다. 멋있게 늙은 아저씨의 얼굴에서 그리움과 아쉬움이 솟구친다. 힘차게 핑퐁을 날리던 그 시절이 어제처럼 다시 떠오른다. 붙잡을 수 없는 세월도 아쉽다. 그러나 그리움은 그리움으로 녹여야 후회가 없는 법이다.

노후를 멋지게 보내고 인생을 보람 있게 사는 사람이 얼마나 되겠는가. 아저씨는 노후 설계를 잘 짜서 정말 잘 살고 계시는 듯했다. 헤어질 때 식사비를 챙기는 아저씨에게 식사 값을 미리 내었다고 하니 기어이 자기가 내겠다고 하면서 식사비를 받아서 돌려주었다. 연세 때문에 행여 실수를 할까봐 술도 마시지 않고, 친구들도 거의 세상을 떠나서 이제 돈 쓸 때가 없단다. 그러니 돈 쓰는 것도 행복이라며 자기 행복을 빼앗지 말아 달라는 당부와 함께.

세상 이치가 무엇이든 다 좋을 수만은 없는 법. 왜소하게 변한 아저씨를 보면서 인생의 무상함을 절감한다. 오래 산다는 것이 축복이지만 한편으로는 혼자 남는 외로움을 감당해야 하는 일이 아니겠는가. 추억은 점점 옛날이 되어 가고 우리의 몸도 늙어가겠지. 곧 나를 포함한 친구들도 하나씩 떠나는 외로움이 가을처럼 깊어질 때가 올 것이다. 돌아서 가는 아저씨의 뒷모습에서 생각의 알맹이들이 하나씩 빠져 나간다.

씨를 뿌리는 여자

삭신이 쑤신다. 변덕스러운 봄 날씨가 중늙은 이의 몸과 마음을 흔들어 놓는다. 작년여름 겁 없이 콩밭의 잡초와 싸웠더니 아직도 온몸에는 후유증이 남아 있다. 오른쪽 팔을 움직이면 왼쪽 다리까지 저려온다. 이렇게 아프면서 나도 이제 늙어가는 가보다. 마음으로는 잡초쯤이야 거뜬히 이길 것 같은데, 몸은 이미 생로병사의 문으로 들어선 듯하다.

누군가 말하기를 60대는 해마다 늙고, 70대는 달마다 늙고, 80대는 날마다 늙고, 90대는 시간마다 늙는다고 했다. 우리는 너나할 것 없이 숙명적으로 생로병사의 정 코스로 달려가고 있는 것이다. 나도 예순에 접어드니 해마다 주름 하나씩이 늘면서 군데군데 노쇠현상이 나타나고 있다.

남자는 마음으로 늙고 여자는 얼굴로 늙는다고 한다. 하긴 인간이란 태어나는 그 순간부터 죽음을 향하여 늙어 가는 것 아니겠는가. 남자든 여자든 중늙은이가 지나면 멋있게 늙는 것은 그래서 우리 또래들의 바람 중의 하나이리라.

며칠 전 컴퓨터에서 친구들의 모습이 찍힌 사진을 보았다. 영락없는 노인네다. 볼은 처지고 머리카락은 윤기 없이 가늘어지고 눈은 침침하다. 하긴 남이 말을 하면 되묻는 횟수가 늘어나고, 치장을 하면 본모습은 은근슬쩍 가려지지만 어딘가 모르게 자세가 쳐져 있다. 영락없는 초로의 노인들이다.

오랜만에 친구들을 만나면 하나도 안 늙었다며 너스레를 떨곤 하지만 그 말을 그대로 받아들여서는 곤란하다. 그 말이 위로로 들리는 순간 늙음을 인정하는 꼴이 된다. 우리는 모두 서로의 모습을 마주하며 그들의 모습이 내 모습이고 내 모습이 그들의 모습임을 내심 알고 있다. 가끔은 솔직하게 말해주는 지인들도 있기도 하다. 너무 변했다고, 왜 그렇게 늙었느냐고. 그럴 때면 탄력 있고 윤기 나던 나의 젊은 시절이 어디로 갔는지 억울하게 여겨지는 것은 늙어가는 것을 자연스레 받아들일 줄 모르는 미성숙한 인격 탓일까. 우리 또래가 모이는 어느 모임에 가도 같은 현상이요 동일한 느낌임을 부인할 수 없다. 젊었을 때가 진정 머무르고 싶었던 순간임을 부정할 수가 없다.

재산이 많은 사람은 두고 가는 것이 억울해서 못 죽는다고 한다. 인물이 좋은 사람은 늙어가는 것이 억울해서 늙음을 인정하지 못한다고 한다. 내가 억울한 것은 하고 싶은 게 너무나 많았지만 다 해보지 못하고 헛되이 날려 보낸 시간이다.

내가 10대였을 때 60대는 할머니 인줄 알았다. 내가 육십 대가 되어보니 아직은 젊은 나이라는 생각이 든다. 항상 멀게만 느껴지고 아득했던 60대. 이제 60줄에 들어서니 뭔지 모를 아쉬움이 가득한데 어김없이 올해도 성큼 지나가겠지. 인생은 일장춘몽이라고 누가 말했던가?

인간은 끝없이 도전을 한다. 도전을 하는 자만이 멋진 인생을 알차게 잘 살아낼 수 있다. 비탈길을 굴러 떨어지는 돌은 생명력이 있다. 멈추면 돌이지만 비탈길을 내달릴 때 속도감과 생명력이 생긴다는 말이다. 늙었지만 내가 공부하는 이유도 일종의 멈추지 않고 구르는 돌이 되기 위한 노력이라고 할 수 있겠다. 매서운 삭풍 앞에 벌거벗은 채 겨울을 나고 있는 매화는 겨울이 채 가기도 전에 도도하게 꽃을 피운다. 인간도 나무처럼 낡지 않고 해마다 새싹을 틔우면 얼마나 좋을까. 우리 또한 늙어가지만 아직은 할 일이 남아 있으므로.

활짝 핀 벚꽃도 사르락 사르락 공중에서 산화한다. 꽃을 시샘하는 비바람은 변덕스럽게 심술을 부리지만 무리지어 나는 나비처럼, 때론 출렁이는 파도처럼, 아스팔트 위를 굴러다니는 꽃잎은 아직은 미련이 남아서 뻣대고 있다.

햇빛에 반사된 감자밭 비닐하우스가 반짝이고 있다. 온 들판이 칭칭 감긴 비닐로 봄바람을 막아내며 감자씨를 품어 키운다. 언제쯤 싹을 틔우면 좋을지 바람에게 묻고 있다. 죽은 것처럼 서있는 나무들도 찬바람이 잠잠하면 새순을 틔운다. 모두가 때를 기다리고 있는 것이다.

바람이 불거나 심술을 부려도 진달래는 산을 발갛게 물들인다. 보리밭엔 청보리가 새파랗게 들판을 물들인다. 산천초목처럼 나도 아름답게 늙어가고 싶다. 인생의 내리막 길은 품위 있게 내려오기가 힘들지만 흐르는 세월을 빈손으로 떠나보내지는 말자. 비록 내 삶이 먼지 같을 지라도 오늘 한 날의 삶의 끈을 놓고 싶지 않다. 아직도 할 일이 많이 남아있다.

사월엔 고추를 심어 탐스럽게 열리는 모습을 보고 싶다. 그리고 오월엔 오이를 심어 여름 내 오이냉국으로 입맛을 돋우고, 영양가 높은 토마토가 열리면 손자들을 위해 한 소쿠리 안겨주고 싶다. 오월엔 고구마와 작두콩을 심고 유월엔 토실토실한 감자를 캐며 그 자리엔 내가 좋아하는 녹두와 팥, 메주콩을 심고 싶다. 어느 날 저승사자가 날 데리러 오며는 심어야 할 것도 많고 거둬야 할 것도 많아서 못 간다고 떼쓰는 건 아닌지…… 다가오는 계절의 문턱 앞에서 내 소박한 일상의 꿈은 씨 뿌리는 아낙이 되어 아직도 가슴이 두근거리는데 말이다.

마음은 청춘

민낯으로 나선다. 복장마저 집에서 입는 간편 차림새이다. 가까운 은행쯤이야 어떠랴, 하며 귀찮이즘이 발동한 탓이다. 뒤에서 '할머니' 하는 소리가 들린다. 설마 나를 부르는 것은 아니겠지, 하며 가던 길을 계속 간다. 또다시 '할머니' 하고 부른다. 주위를 둘러보니 나 말고는 다른 이가 아무도 없다. 뒤쪽에서 중학생 쯤 보이는 남학생이 다가와서 '○○정신병원'에 가려면 어디로 가느냐고 묻는다. 길을 가리켜 주는 내 얼굴이 갑자기 화끈하게 달아오른다.

나도 모르게 윈도에 비친 내 모습을 본다. 화장기 없는 민얼굴에 아무렇게나 걸쳐 입은 모습. 영락없는 할머니이긴 하네…… 그래도 '아줌마'하고 부르면 어디가 덧나나, 억울한 생각까지 든다. 내가 어째서 네 할머니냐? 속으로는 종주먹도 들이댄다. 열 받은 김에 집으로 도루 들어가 화장을 하고 옷도 젊어 보이게 갈아입고 나온다. 그제야 마음이 조금은 위로가 된다. 걸음도 당당하게 은행에 가서 볼일을 보고…….

어릴 적 나는 절대로 할머니가 되지 않을 줄 알았다. 한 때는 빨리 나이를 먹고 싶었던 적도 있었다. 처음 직장 다닐 때는 나이보다 너무 어리게 보이는 탓에 민원인들이 오면 '김양'이라고 불렀다. 함께 근무하는 직원들이 너무 어리게 보이니까 립스틱이라도 바르라고 했지만 그것도 부끄러워 쉬이 바르지 못했다.

처음 화장을 하고 출근한 날이었다. 하루 종일 부끄

러워서 사람들이 오면 얼굴을 잘 들지 못했다. 그러나 세월 앞에는 나도 어쩔 수 없나 보다. 아가씨, 새댁, 아줌마를 거쳐 이젠 할머니고 어르신으로 불린다. 버스에서 젊은 사람으로부터 종종 자리를 양보 받을 때에도 말은 괜찮다고 하지만 일단 앉으면 그렇게 편할 수가 없다. 몸이 마음보다 먼저 분수를 알아차리나 보다.

사람의 마음이란 참 묘하다. 한때 유행했던 말처럼 그때그때 달라요, 이다. 손자가 할머니, 하고 부르면 기쁜 마음으로 대답하는데 다른 사람이 할머니, 하고 부르면 도무지 그 호칭을 인정할 수 없어 불쾌하기까지 하니 말이다. 현재에 살면서 과거에 갇혀 있고 현재를 인정하지만 과거에 연연하고 있는 형세다. 사람에겐 과거와 미래, 현재가 있지만 따지고 보면 현재만 있는 것을.

살아 움직이고 있는 것들은 거듭거듭 변화를 통해 형성된다. 당연히 나도 분명 어제의 내가 아니다. 하지만 기억은 어제의 나를 놓지 못하고 늙음을 쉬이 인정하지 않으려 한다. 가슴에 소녀 하나를 항상 간직하고 살아가기 때문이리라. 그 소녀는 때로 때때로 불쑥불쑥 튀어나와 나를 미소 짓게 한다. 과거의 나는 몸매가 날씬하고 얼굴은 언제나 예쁘다. 겉모습은 날로 낡아지지만 마음속의 소녀는 언제나 피터 팬처럼 영원히 늙지 않으니까.

지하철을 탈 때면 또 한 번 나이를 느끼게 된다. 경로석 에피소드이다. 무료승차한 연령임에도 불구하고 비어 있는 경로석은 마다하고 일반석에 앉는 사람들을 종종 본다. 못 마땅한 눈으로 힐끔힐끔 쳐다보며 인상마저 쓰는 젊은이도 있지만 나 또한 경로석보다는 일반석을 먼저 살피게 된다. 어떤 때는 차라리 서서 가기를 자처할 때도 있다. 늙어 감을 거부하는 몸짓이라 생각하면 왠지 의기소침해지는 일이지만.

그림자마냥 떨어지지 않는 늙음이 정말 언제 내 옆에 왔을까. 아무리 숨겨도 민낯이 되면 다시 도드라져 보여서 거울보기를 거절하고 싶다. 그래, 어차피 숨길 수 없다면 같이 갈 수밖에, 그 대신 너무 빨리는 가지 말자. 아주 천천히 즐기면서 가자. 지혜로운 사람은 현실을 인정하면서 살아가는 사람이 아니겠는가.

나이가 들어가면서 내게는 내 이름 대신 불러주는 호칭의 수가 다양하게 늘어났다. 회장님, 총무님, 위원장님, 의원님 등 한, 두 가지가 아니다. 그동안 끊임없이 사회활동을 하면서 나이 값만큼이나 더해진 이름이다. 이러한 호칭에 익숙한 탓인지 내게는 '할머니'란 말이 더욱 낯설다. 우리나라 법적 노인의 나이는 만 육십 오 세이니 당연히 할머니가 맞고, 또 손자손녀도 셋이나 있으니 할머니임은 분명한데, 나이를 인정하는 일이 이다지도 어려운 것인지. 아니, 노년에 입문하는 나이가 너무 낮은 건 아닌지 자꾸만 토를 달고 싶어진다.

백세 시대에 접어들다 보니 '신 중년'이라 부르는 신종어도 생겼다. 50대에서 70대를 이르는 말이다. 나의 신 중년은 지금 어떠한가. 살아온 날들을 정직하게 돌아보면 얼마간은 부끄럼 없이 떠올리지 못하는 일이 있고, 후회스러운 일도 있다. 하지만 그럼에도 현재 잘 살아가고 있고 여전히 미래에 대한 설렘으로 살아갈 수 있다는 것이 얼마나 다행스러운 일인지!

내 인생의 가장 큰 의미는 내 가정과 이웃이 더불어 살 수 있다는 데 있다. 하고 싶은 것을 하고, 가족들과 막힘없는 대화를 나누며 늙어갈 수 있다는 것이 기쁨이며 행복이라고 여긴다. 남을 원망하거나 덧없음에 눈물 흘리며 삶에 대한 허무감에 젖어있지 않고, 지금의 나를 있게 한 가족들과 이웃에게 고마운 마음을 가지며 미소 지울 수 있다는 것이 참으로 감사할 일이며 기쁜 일임을 나는 안다.

하루해가 자기의 할 일을 다 하고 산마루를 넘어 가듯이 나도 때가 되면 지는 해처럼 사라질 것이다. 어느 하루의 맑게 갠 날이 아름다운 노을을 남기듯이 나도 내 몫의 삶을 다한 어느 하루, 노을만큼이나 곱고 아름다운 자취를 남기며 떠나고 싶다. 누군가가 말하기를 젊음은 나이에 달렸지만 청춘은 마음에 달렸다고 했다. 나 또한 하루하루를 열심히 그리고 최선을 다해 살아가려는 열정이 있는 한, 스스로 이렇게 외칠 것이다. 나는 청춘이야, 라고.

애국 좀 합시다들

지금은 무한경쟁시대이다. 배우지 않으면 도태되고 만다. 꼭 공부만이 아니다 기술이든 예술이든 간에 그 방면에 프로가 되어야 한다. 시간은 우리를 기다려 주지 않는다. 그래서 무엇이든 저질러야 한다. 저질러 보아야만 경험이 쌓이고 결과가 있는 것이다. 그것이 바른 길이면 뛰고 또 뛰어야한다. 쟁취하는 자만이 성공의 열매를 딸 수 있으니까.

나는 이 나이에도 새로운 것이 있으면 가슴이 뛴다. 꼭 해보고 싶은 열정이 꺾이지 않는다. 중간에 쓰러지는 일이 있어도 해보고 싶으면 끝까지 매달려 보고 싶다. 일찌기 성공한 사람들도 보면 피나는 노력을 하고 많은 시간을 투자하며 살아온 자취를 본다. 그렇기 때문에 영광의 결과를 이룬 것이 아니겠는가.

요즘의 청소년들을 보면 너무 나약해 보인다. 부모한테 너무 의지한다. 오죽하면 캥거루족이라는 말까지 생겼을까? 부모가 자식을 너무 나약하게 만드는 일면도 있다. 고기를 잡아주지 말고 고기 잡는 법을 가르쳐 주어야 하는데, 자식들을 적게 낳다보니까 불면 꺼질세라 애지중지 한다. 나이대로라면 분명 부모는 자식보다 먼저 죽는다는 것이 사실이다. 언제까지나 보호해 줄 수 없고 언제까지나 대신해 줄 수 없다면 자식한테는 확실하게 자립심을 심어주는 것이 빠를수록 잘 키우는 일이다.

돈이 곧 행복의 척도는 아니다. 돈이 생활의 편리를 가져다주는 것은 사실이지만 수고하고 얻은 물질이 아니면 그 돈의 가치는 악으로 이용될 가능성이 높다. 특히 우리 사회를 보면 가진 자의 횡포가 갈수록 심해지고 있다. 오죽하면 TV 연속극에서까지 돈과 권력만 있으면 안 되는 것이 없다는 대사를 공공연히 흘리겠는가. 하지만 진정한 행복이란 돈도 아니고 권력도 아니다. 땀 흘려 일하고 서로를 배려하며 진실하게 살아가는 것이 진정한 행복이다. 행복은 돈으로도 살 수 없는 것이다.

황금만능주의가 되어버린 자본주의. 우리는 입으로는 진실하게 살자고 외치지만 이미 물질에 중독되어버렸다. 분명 옳고 그름이 있는데도 분간하지 못하고 있다. 판단 없이 목소리가 큰 쪽으로 따라간다. 이런 사회가 되어서는 안 되지 않는가? 우리 후손들을 위해선 우리가 마음자세를 고쳐야 한다. 민들레꽃은 짓밟혀도 또다시 그 자리에 싹을 틔우고 꽃을 피워서 그 씨를 바람에 실어 멀리 멀리 날려 보낸다. 우리에게도 민들레처럼 질기고 인내하는 근성이 절실히 필요하다.

오늘 나만 행복하다고 모든 일에 무관심해서는 안 된다. 상대와 같이 행복하다면 행복은 배가 된다. 건강한 사회를 만들려면 구성원 하나하나가 바른 사고관과 가치관이 있어야만 건강한 사회가 되는 법이니까, 무관심은 절대 금물이다. 작고 사소한 일이라도 우리 모두가 관심을 기울여야한다. 지금의 나뿐만 아니라 우리의 자손들을 위하여 더욱!

올바른 가정이 있어야 국가가 있는 것이다. 국가가 없으면 가정도 지켜 낼 수 없게 된다. 지금 이 시대 이 난국을 위해선 모두가 정신을 차려야 한다. 한번 무너진 가정이나 국가를 다시 일으켜 세우기란 힘이 든다. 무너질 땐 쉽게 무너지지만 다시 세울 때는 몇 배나 힘이 드는 것은 사실이다. 추락하는 것에는 날개가 없다는 말처럼.

서로가 뭉쳐도 어려운 시기에 서로의 목소리가 너무 크게 들린다. 큰소리 보다는 우리 한 사람 한사람이 애국자가 되어야 한다. 애국자가 되기 위한 길은 거창한 것이 아니다. 각자 자기가 맡은 분야에서 최선을 다하는 일이다. 작지만 사소한 일들이 우리를 애국자로 만든다.

우리는 지혜와 끈기가 있는 민족이니까. 내가 아니고 너와 내가 다 같이 살아갈 수 있는 모습을 자식들한테 행동으로 보여주자. 이 어려운 시기에 목소리 좀 하나로 내자. 제발 애국 좀 하고 삽시다들!

못 말리는 여자

도살장에서 소 한 마리를 잡아서 우리 집 앞마당에 펼쳐놓았다. 소식통을 듣고 찾아온 지인들의 발걸음이 분주하다. 눈 깜짝할 사이에 소 한 마리 분량이 모두 자취를 감춘다. 전화 몇 통에 언제 소를 잡았나, 30등분하여 30명이 한 덩이씩 가져갔다.

이렇게 오늘도 일 하나를 지지르고 말았다. 여태까지는 해마다 명절에 친구 하나가 시골에서 소를 잡아왔고 나는 그것을 지인들에게 소개해 주었다. 하지만 소개받은 지인들이 언제인가부터 고기가 갈수록 질기고 맛이 떨어진다고 했다. 그래서 이번에는 내가 직접 나선 것이다.

작년 가을에는 돼지 한 마리를 통째로 잡은 일도 있다. 어느 하루, 남편이 돼지고기를 먹고 싶다고 했다. 나는 고기를 너무 많이 먹으면 콜레스테롤 수치가 높아진다고 변명 아닌 변명을 늘어놓으며 차일피일 미루었다.

모임이 많은 나는 외식이 잦은 편이다. 남편은 혼자 밖에서 잘 먹으니 집에 있는 사람 생각은 안한다며 불평을 늘어놓았다. 그래서 한방에 그 소원을 들어줄 겸, 75kg짜리 돼지 한 마리를 잡은 것이다. 세 집이 나눈 뒤, 며칠째 돼지고기 반찬을 계속해주었다. 남편은 질린다고 하면서 어이없어 했다.

지금 우리 집 문간방은 명절선물 박스로 수라장이다. 멸치 백포와 참기름 백병. 각종 모임의 회원들을 위해

준비한 것이다. 물론 자비로 한 것은 아니고 회비의 일부를 사용한 것인데 명절선물을 마련하여 회원들에게 나눠주자는 내 아이디어로 진행된 것이다. 내놓은 돈 일부에서 되받는 것이지만 회원들도 무척 좋아했다. 집이 좀 쑥대밭처럼 어수선하면 어떠랴. 고소한 참기름 냄새에 지린 멸치 냄새가 내 기분을 절로 업 시키는 것을!

하지만 이 일로 문제가 생겼다. 깔끔한 성격을 가진 남편이 도저히 이렇게는 못살겠다고 하면서 한바탕 난리를 친 것이다. 내일까지 치우지 않으면 모두 다 버리겠다며 엄포를 놓는다. 단단히 화가 난 모양이다. 하긴 문간방뿐이 아니다. 안방에도 내가 읽다만 책들이 여기저기 널 부러져 있으니 남편의 입장에서 보면 한심하고 기가 찰 노릇이긴 하다. 그렇다고 이것들을 몽땅 치워버린다니! 나도 화가 나서 맞선다. 사람 사는 집에 사람 냄새가 나야지, 먼지 한 톨 없이 치우고 살면 그게 어디 사람 사는 집이요? 다시 남편이 한 걸음 물러섰다. 집을 깨끗이 치우기 전까지 말을 하지 않겠단다.

이틀째 침묵이 흐르고 둘 사이에 찬바람이 분다. 이 바람도 너무 오래 불면 안 된다 싶어서 내가 꼬리를 내리고 말을 걸었다. 매듭을 만든 사람이 매듭을 풀어야 하는 법이니까…….

남편 곁으로 가만히 다가가서 말을 걸었다. 아양을 떨어 본다. 그래도 약발이 없다. 이번에는 본격적으로 남편 몸을 간질이면서 코맹맹이 소리를 낸다.

"다음 생엔 집 잘 치우고 사는 여자 만나서 잘 살아보소."

드디어 남편이 웃고 말았다. 그러면서 제발 이제는 집 좀 치우고 살잖다. 칼로 물 베기라는 부부 사이. 이렇게 우리 싸움은 엔딩이 됐다.

습관이나 성격이 다름은 부부 사이에서 크나큰 문제로 대두될 때가 많다. 우리 부부는 특별히 정리정돈에서 그렇다. 나는 남의 집을 방문했을 때에도 정리정돈이 어떤지 살펴보고 정리가 잘 된 집보다는 조금은 어질러져 있는 집이 편안하다. 집 한 귀퉁이 어디라도 책이 펼쳐져 있거나 쌓여 있지 않으면 사람 사는 냄새가 나지 않고, 하다못해 잡지책이라도 거실에 펼쳐져 있어야 마음이 편하다. 그래야 사람 사는 집 같아서 정감이 간다.

요즘은 수필 공부를 한다고 우리 집 거실이며 안방, 주방까지 온통 책판이다. 남편도 이젠 어지간히 지친 표정이다. 거실이 추울 때면 안방으로 책을 끌고 들어가다보니 책을 피해 걸어야 할 정도로 방은 북새통이다. 이불 펼 자리마저 마뜩찮다. 슬그머니 남편 눈치가 보였다. 위기의식이 느껴져서 들으랍시고 혼자 중얼거리는 척한다.

'이번 토요일은 결혼식이 없으니까 대 청소를 해야겠다.'

하지만 무슨 소용일까. 청소한지 다시 사흘이면 원상태가 되고 만다. 나는 언제쯤이면 남편 마음에 꼭 드는 사람으로 살아갈 수 있을까. 아무래도 이 일 만큼은 조금 어려울 듯하다. 타고난 성격을 바꾸기가 어디 쉬운가 말이다.

목마른 사람이 샘물 판다고, 어질러진 청소의 대부분

은 남편이 하고 만다. 하지만 그것은 또 다른 문제를 불러일으킨다. 남편이 내 물건을 챙겨다 두었으니 나는 매번 찾아야 하는 일이 발생하기 때문이다. 무엇은 어디에 있느냐고 몇 번이고 묻고 헷갈려 하고…… 결국 나는 찾지 못해 짜증을 부리게 된다. 당연히 남편은 남편대로 짜증을 내고 이것은 또다시 다툼이 되고……. 37년 가까이 살아오면서 아직까지 이 사소한 일 하나 맞추지 못하는 것을 생각하면 그야말로 웃기는 일이긴 하지만…….

남편과 나는 요즘도 이런 일로 다투면서 시간을 보낸다. 내 별명이 '하면 된다' 인데, 정리 정돈하는 습관도 언젠가는 하면 되는 일이 되긴 할까? 그래도 최근 들어 잘 참고 살아주는 남편이 무척 고맙다. 옛날 같으면 모든 것이 휴지통으로 들어갔을 텐데 다행히 그런 일은 없으니 말이다.

참는 김에 확실히 참아주면 안 될까? 마음속에서는 내 요구가 여전히 머리를 든다.

추야秋夜의 낙서

어느 노래 가사처럼 세월은 정말 고장도 없나 보다. 다시 겨울이 어김없이 찾아온다. 이 겨울이 가면 또 봄이 찾아오고, 진달래가 피고 개구리들이 겨울잠에서 깨어나겠지. 이렇게 모든 삼라만상은 때가 되면 제자리로 돌아오지만 사람만은 모든 것을 놓고 빈손으로 떠나 자연으로 돌아가며 한 번 가면 다시 오지 않는다.

아름다운 옷을 입은 산들이 빛바랜 옷을 하나씩 벗어 던진다. 벌거숭이 나무들도 겨울을 맞이할 준비를 하고 있다. 시들어가는 국화꽃이 안타까워 좀 더 오래 피어 있기를 기대해 보지만 계절을 이길 재간은 없나 보다. 한 잎씩 말라가는 꽃잎을 따라 내 마음도 무언가를 떨쳐내려는 이 계절을 닮은 듯하다.

부모가 자식에게 해 줄 수 있는 것. 그건 기다려 주는 것과 믿어주는 것이 으뜸 아닐까. 얼마 전 아들이 차를 바꾼다고 했다. 지금 타고 다니는 차는 중형찬데 벌써 10년이 넘었으니 대형차로 바꾸고 싶단다. 말을 듣는 순간 내 머릿속엔 재빠르게 대차대조표가 그려진다. 자기부부들끼리 해결하면 될 텐데, 왜 내 앞에서 그런 소리를 하는지 그 저의가 의심스럽다. 경제적 지원을 요청 하는 건지 아니면 그냥 흘러가는 소린지 알 수가 없다. 모른 척 해야 할지 예금통장을 털어주어야 할지, 고민부터 하고 드는 게 부모된 마음 아니겠는가.

아들은 맞벌이 부부가 아니다. 혼자 벌어 네 식구를 먹여 살린다. 가끔씩은 어쩔 수 없이 도움을 주게 되지만 남편은 스스로 해결하도록 최대한 도움을 주지 못하게 한다. 하지만 그날부터 마음이 쓰여서 밤마다 뒤척이며 벙어리 냉가슴을 앓았다. 남편 말을 듣자니 마음이 편하지 않고 아들에게 도움을 주자니 무슨 일이 생길 때마다 습관이 될까봐 결정내리기가 쉽지 않다.

차를 바꾼다고 한 지 두어 달이 지났다. 아무런 낌새가 보이지 않는다. 평소 성미 급한 아들로서는 보기 드문 일이다. 시간이 갈수록 오히려 내가 안달이 나며 졸갑증에 시달리는 건 무슨 까닭인지. 이것이 부모의 마음일까? 부모에게 직접 도움을 청하지 않아도 부모는 자식의 마음을 읽고 만다. 무엇이든 주고 싶은 게 부모의 마음이지만 무조건 주기만 하다가는 그것이 독이 될 수도 있다. 아들이 결혼할 때는 차를 사주었지만 이번에는 쉽게 마음이 내키지 않는데, 저라서 은근슬쩍 기대하고 있는 게 아닐까. 들으면 서운하겠지만 자식도

품에 있을 때 자식이지, 부모 품을 떠나면 남이나 마찬가지라는 말이 떠오른다. 무조건 자식한테 올인 하다가 노후를 고통스럽게 보낸 부모들도 얼마나 많은지!

어떤 물건이든지 자기가 땀 흘려 번 돈으로 사야, 귀중하고 소중하게 여기고 관리하는 법이다. 내가 신혼생활을 시작했을 때는 일반 밥솥에다 힘들여 밥을 지었다. 자주 가스 불 조절을 해야 했고, 밥물이 넘지 않을까 타지 않을까, 몇 번이나 들여다보곤 했다. 그러다가 처음으로 전기밥솥을 사서 밥을 하게 되었을 때 너무 편하고 좋아서 밥하는 재미에 푹 빠졌던 기억이 있다. 자고 나면 제일 먼저 밥솥부터 살펴보았다. 지금은 모든 걸 갖추어 출발하지만 그때는 하나하나 장만하여 살림을 늘여가는 게 얼마나 즐겁고 재미가 솔솔 하던지. 조그만 것이라도 사면 애지중지 여기며 하루에도 몇 번씩이나 쳐다보고 만져보고 닦아주고 그랬다.

나이가 드니 이제는 사들이는 것이 일이 아니라 버리

는 것이 일이 되었다. 비우는 아름다움을 생각할 때가 되었다는 말이다. 거울을 보니 탱탱했던 그 젊음은 다 어디로 갔나 싶어 서글프기도 하다. 젊은 날은 화장을 하지 않아도 예쁘고 건강하게 보이더니 지금은 아무리 예쁘게 화장을 해도 그 젊음을 흉내조차 낼 수 없다. 차라리 비워가는 마음을 가지면 편안하여 좋은 인상을 가지게 될까.

늙음이 곧 아름다움을 잃는 것은 아니다. 절제하고 용서하고 비워내고 베풀고 품어주고…… 이런 넉넉함으로 남은 삶을 아름답게 채울 수 있다. 욕심이 많으면 사람이 작게 보이고 마음을 비우면 세상이 넓어 보인다고 하지 않던가. 세상을 넓게 보는 큰 마음을 가지자. 허공은 다 비워져서 하늘이 아닌가.

이 땅의 부모들이여 넉넉한 아름다움으로 자식을 바라보자. 기다리고 믿어주며 제대로 살 수 있도록 지켜보자. 무조건 자식한테 올인 하지는 말자. 우리에게는 우리들의 노후가 있다. 자식들도 지금 우리의 나이가 될 즈음이면 스스로 노력한 결실로 저들의 여유를 누리고 있지 않겠는가. 밥을 맛있게 먹으려면 처음부터 밥을 짓는 과정을 거쳐야 만이 밥의 구수한 참 맛을 알 수 있는 법이다.

작품해설

사회성과 자연성과 직조한 여성수필의 전범

박 양 근

(문학평론가, 부경대 명예교수)

작가를 평할 때 대면하는 첫 구도는 삶과 작품과 환경간의 유시성이다. 대부분의 사람들은 환경의 지배를 받지만 반대로 자신의 삶을 위해 환경을 만들어가는 사람들이 있다. 이런 사람들은 긍정적이고 낙천적이다. 그가 작가라면 진취적인 인생을 작품에 담아 다른 사람들에게 용기를 주고 시대가 요구하는 메시지를 던진다. 만일 그가 여성이라면 문학과 삶과 환경은 참으로 상호 조화를 이룬다.

평자는 김애련 작가의 긍정적인 인생론에 경탄한 적이 한두 번이 아니다. 자그마한 체구에서 넘쳐나는 에너지가 경이로울 정도로 끝임이 없다. 이번에 상재한 첫 수필집 『비포장도로』에는 이런 면모가 뚜렷이 드러난다. 가난한 집안의 환경을 극복하고 부산대학교 행정대학원을 졸업하고 구의원으로서 의정활동을 성실하게 수행하였다. 갖가지 단체장으로서 헌신적으로 봉사하였다. 오랜 꿈이었던 작가로의 꿈을 2013년 ≪수필과비평≫지에서 등단하면서 수필가가 되었다. 김해 도요마을에 정착하여 자연과 문학과 함께하는 생활을 이어온다. 이런 삶은 고스란히 자연친화적 작품에 반영되기 마련이다.

수필은 일상을 기반으로 하지만 김애련의 수필은 생활의 발견 그 자체이다. 보통 여성수필과 달리 사회적 메시지와 생태주의적 자각이 넘쳐난다. 문장은 활력이 넘쳐나고 유머가 충만한 삶과의 일치를 살피면 김애련 작가는 사회활동과 자연적 서정이 절묘하게 어울린 삶을 추구하고 그 언어로 고양된 수필가임을 새삼 확인하게 된다.

1. 가족과 식구를 위한 매니저

김애련 작가에게 수필은 자기표현의 무대이다. 그녀는 수필을 통해 지난 시간을 부활시키고 현재를 충일한 일정으로 만들어낸다. "수필이란 속마음을 비쳐내는 세월로서 아팠던 상처 힘겨웠던 기억 아름다운 추억뿐만 아니라 어제보다 오늘이 더 빛나기를 바란다."는 〈작가의 말에서〉처럼 수필이 그녀를 이끌어가는 나침판임을 보여준다. 가족과 자연과 인간과 사회를 향하는 애정이 융숭하게 배여 그녀의 글을 읽은 독자들은 자연스럽게 함께 심리적 안정을 이루게 된다.

김애련은 "두 집 살림"을 한다고 말한다. 한 주를 둘로 나누어 반은 부산에서 생활하고 나머지 반은 남편과 도요마을에서 지낸다. 사회봉사와 자연과 어울린 삶으로서 이 차이는 모순이 아니라 상호보완적이어서 생활을 건강하고 풍요롭게 만들어준다.

> 시골과 도시 살림을 매주 살다 보니 한 주의 절반은 시골에서 남편의 '아내'로, 나머지 절반은 인간 '김애련'으로 산다. 여자의 변신은 무죄라고 했던가. 아내에서 인간 '김애련'으로 돌아오는 날, 나는 한 마리의 나방이 된다. 껍질을 벗는 누에처럼 시골아낙의 모습을 탈피하느라 분주하니까. 갖은 푸성귀를 만졌던 손과 손톱 밑에 까맣게 벤 물을 지우느라 씻고 다듬고 매니큐어를 칠한다. 쑥대머리를 하고 다니던 머릿결도 다시 손질한다. 내가 봐도 기똥찬 변신이다. 이런 걸 두고 '때 빼고 광낸다'고 하겠지.
>
> –「가족 그리고 식구」 일부

작가는 매 주 두 번 변신을 하는 가운데 '가족'과 '식구'의 개념을 다르게 본다. 가족이 친족 관계라면 식구는 한 집에서 끼니를 같이 하는 사람이다. 식구는 남편뿐이다. "나의 식구는 남편뿐"이라 믿음은 그녀의 사회활동에 활력을 주면서 외조의 힘이 여성에게 어떤 능력을 발휘하게 하는가를 보여준다. 부부애는 그녀의 오늘을 이루게 한 밑바탕이라는 점에서 거친 삶을 슬기롭게 이겨낸 작가를 비추는 『비포장도로』는 진솔하면서 감동적인 인생 드라마로서 손색이 없다.

가족적 배경의 첫 틀에는 어머니가 자리한다. 비애감이 넘쳐나는 문장으로 소개되는 어머니의 일생은 가정을 지키려는 인내의 부덕婦德을 표상한다. 「재봉틀 소리」와 「봄에 그리는 어머니」가 대표작인데 「재봉틀 소리」에서 어머니는 인텔리 아버지가 한눈을 팔 때 밤을 지새우며 재봉틀을 돌린다. 인내의 심정을 삭히는 재봉틀 소리를 듣는 어린 소녀는 어머니와 같은 삶을 되풀이하지 않겠다는 각오를 다진다. 사람은 자신의 재봉틀을 돌려야한다는 인생론을 일찍이 키우는 가운데 그 아이는 운명을 스스로 개척하는 여성이 된 것이다.

세월이 지나면서 그녀도 어머니가 되었다. 자식에 대한 그녀의 기대는 실력을 갖춘 청년이 되라는 교육에 모아진다. 봄날 강둑에 나간 어느 날, 그녀는 어머니의 일생을 회상하면서 당당하게 살아온 자신의 삶을 전하며 칭찬과 위로와 격려를 받고 싶은 딸의 모습을 되돌아간다.

"어머님, 제 생각에 빠져서 자식을 꾸짖고 보니, 나 어릴 적 어머니 생각이 납니다. 저는 어머니처럼 타이르고 따뜻하게 품어주지 못했습니다. 어머니처럼 가슴이 넓은 어미가 못되나 봅니다. 그래도 지금껏 살아오면서 자식들을 잘 키워 보겠다고 나도 한번 가문을 빛내 보겠다고, 바쁜 세월을 살아왔는데 그 힘든 상황을 벗어나 해방되고 보니, 때마다 어머님 생각이 이렇게 나네요. 호강시켜 드리고 싶은 어머님은 계시지 않고 무심한 세월만 강처럼 흘러갔네요. 자식을 키우다 보니 자식 된 도리는 어떻게 했나 돌아다보면서 칠순이 다된 이제야 어머님의 마음을 헤아려봅니다. 부끄럽습니다. 이 못난 딸을 용서해 주십시오.

하지만 어머니, 불효자식이지만 부끄럽게 살지는 않았습니다. 작년 이사할 때 정리를 하다 보니 상장과 상패가 두 박스가 넘었습니다. 동장상, 구청장상, 시장상, 장관상, 자랑스러운 시민상, 대통령상까지, 모두가 한결같이 봉사상입니다. 독거노인, 소년 소녀가장이며, 어려운 이웃들을 내 몸같이 돌보며 이십 년 넘게 봉사하며 살았지요. 어머님께 되돌려 드리지는 못했지만 그래도 남과 더불어 사는 삶을 살았으니 훌륭한 사회인으로 잘 살아 주었다고 먼 곳에서나마 칭찬해주십시오." 그리움에 사무친 하소연이었다.

– 「봄에 그리는 어머니」 일부

사모곡이 편지형식과 보고문 형식으로 구성된다. 그녀는 어머니에게 효도를 못했지만 성실하게 남과 더불어 살았던 모습을 저 세상으로 떠난 어머니에게 자랑하고 싶다. 무엇보다 어머니의 칭찬이라는 상을 받고 싶은 딸의 심정과 딸의 어머니를 위로하고 싶은 내용이 부모지정이 무엇인가를 밝혀주고 있다.

농사법을 가르쳐준 사람은 큰어머님이다. 큰어머님은 처음 밭일을 하는 작가에게는 농사일의 스승이자 멘토이다. 그녀는 농사기술 뿐만 아니라 연장전 없는 인생에서 주변사람에게 베풀어야 나중에 복을 받는다는 "적금론"을 가르쳐준다. 주변에서 빚어지는 갖가지 마찰을 잘 해결하면 후일 편안한 생을 누린다는 인생적금이 가정생활과 사회생활에서 가장 먼저 실천할 덕목이라는 것이다.

> 인생 적금만 적금이 아니다. 살아가면서 우리가 행하는 모든 일이 적금 행위이다. 물질만이 적금 행위가 아니고 보이지 않는 부모 자식의 정, 우정, 이웃 간의 정도 적금으로 쌓인다. 베풀지 않으면 쌓이지 않는 것이 정이고 사랑이다. 많이 베푼 사람은 어려울 때 어려움을 이겨내는 힘이 생길 것이고 따뜻하고 외롭지 않은 노을을 보장받을 수 있지 않을까.
>
> –「적금」 일부

인생적금은 가족뿐만 아니라 사회에도 적용된다. 배려와 봉사라는 인간의 도리는 종교적 가르침과도 상통한다. 작가도 이런 인생론을 수필을 통해 주변사람들에게 전파하고 있다.

작가의 자식 사랑은 남다르다. 그녀는 자식에게 훈계보다는 스스로 일깨워 삶에 최선을 다하도록 조언한다. 자식에 대한 애정은 「봄이 오는 소리」 「추야의 낙서」 「매니저」 3부작에 담겨있다. 꽃샘추위를 이겨내는 꽃들을 격려하는 「봄이 오는 소리」에서는 결혼을 앞둔 딸을 바라보는 어머니로서의 보람을 표현한다. 「추야의 낙서」는 부모가 자식에게 줄 수 있는 "기다림과 믿음"을 강조한다. 「매니저」는 "계란은 스스로 깨면 생명이 되지만 남이 깨면 요리감이 된다"는 금언을 제시하면서 매니저로서의 역할이 부모의 참된 모습이라고 일러준다.

김애련은 가족과 식구에 대하여 '매니저' 역할을 중시한다, 매니저라는 인식은 그녀의 인생관을 구현하는 중요한 키워드이면서 사회의 각 세대가 어떤 관계를 맺어야하는가를 제시해준다. 매니저론을 중심으로 한 신뢰와 격려는 『비포장도로』가 지닌 사회성의 진가를 돋보이게 한다. 이렇듯 그녀의 수필은 오늘의 젊은이들에게도 도움이 되는 내용을 담아 에세이로서의 문학성을 더욱 구체화한다.

2. 사회적 자아와 작가로의 정립

김애련의 삶은 의욕에 따른 실천의 연속이다. 어린 시절의 평탄하지 않았던 가정 사정을 극복하는 가운데 형성된 "하면 된다"는 위기 때마다 오뚝이처럼 일어서도록 해준다. 외부의 시련과 내부의 용기가 맞잡은 결과로서의 이런 삶이 "비포장도로"라는 상징으로 구체화되고 있는 것이다.

> 묵정밭 같은 시골길처럼 내 인생도 비포장도로였다. 집으로 가는 길은 모래와 작은 돌들이 뒹굴고 있었다. 여름에는 더욱 힘들었다. 뜨거운 지열에 얼굴은 따갑고 등에서는 땀이 흘러내렸다. 아기를 업은 새댁은 절뚝거리면서 행여 구두가 닳을까봐 벗어 들고 맨발로 걸었다. 발바닥이 화끈

> 거렸다. 겨울은 겨울대로 바람 막을 곳이 없어 칼바람을 맞아야 했다. 지금에야 아스팔트길 양 옆으로 벚꽃나무까지 가지런히 서서 운치 있고 잘 정돈된 거리가 되었지만 그 시절 시골길은 전부 비포장 도로였다…….
>
> – 「비포장도로 일부

시골과 부산을 오가던 옛 길이 그녀가 거쳐 온 삶을 사실적으로 반영해준다. 시골버스와 기차와 나룻배와 보행으로 이루어진 시집으로 가는 하룻길은 신체 건강한 남자에게도 힘들지만 천성적으로 억척인 그녀는 비포장도로가 끝나면 아스팔트길 같은 순탄한 인생이 펼쳐지리라는 기대만으로 시련을 버텨냈다. 아기를 업고 뜨거운 길을 맨발로 걸었던 때를 50년이 넘은 지금도 생생하게 기억하는 것도 '하면 된다'는 의지를 불태웠기 때문이다. 이런 시골시절은 서툰 촌부에게는 일시적인 시련이었지만 인간 김애련에게는 장애물일 수가 없었다.

그녀의 용기와 희망은 「마음은 청춘」에서 나타난다, 여성들은 나이를 먹음에 따라 아가씨, 새댁, 아줌마, 할머니, 어르신으로 불릴 때, 그것에 걸맞은 생각과 의복과 태도를 갖추려한다. 작가는 늘 자신에게 당당하여 농사를 짓기 위한 간편한 작업복과 화장기 없는 민낯을 부끄러워하지 않는다. 오히려 변하고 움직이는 것이 살아있는 증거라고 믿기 때문에 "나도 분명 어제의 내가 아니다"라는 확신하는 것이다.

이런 그녀에게 두 자아가 존재한다. 하나는 '피터 팬'이며 다른 하나는 '신 중년'이다. 피터 팬은 그녀가 잃고 싶지 않은 순수성과 순진성이라면 신 중년은 일하고 봉사하는 여성상이다. 지혜롭고 느긋하게 살고 싶은 인생관을 갖는 그녀를 지켜보면 나이를 초월한 생의 순수와 활력을 두 눈으로 목격하는 듯 여겨진다. 나아가 "하루의 제 몫을 다한 노을이 곱고 아름답듯이 노을 같은 자취를 남기며 떠나고 싶다"는 바람마저 꿈이 아니라 현실이 될 것을 확신하게 된다.

작가 자신에 대한 약속 실행은 두 방향으로 나타난다. 하나는 사회적 활동이며 다른 하나는 문학적 성취이다. 4년 동안 의정활동에 수행하였고 지금도 각종 단체 회장직을 맡아 봉사하고 있다. 이런 노력이 있을 때 행복이 공리주의적 행복이 된다고 믿는 김애련이다. 회장 팔자를 타고 났다고 스스로 말하듯이 이 업무가 너무나 어울린다, 전생에 '회장'이 아닐까 생각하지만 "집에서는 회장이 되지 못하고 있다."는 「회장 팔자」에 나타난 유머에 다다르면 그녀의 넉넉하고 수더분한 모습이 떠올라 저절로 여유로운 웃음을 나누기도 한다. 이런 부드러운 마음씨는 남편에게 "참는 김에 확실히 참아주면 안 될까?"라고 부탁하는 「못 말리는 여자」에 다다르면 해학의 백미로 활짝 피어난다.

봉사라는 과업이 끝나면 그녀가 돌아가고 싶은 곳은 어디인가. 첫째가 남편이 농작물을 보살피고 있는 도요 마을이라면 두 번째 귀로는 정신적 심리적 장소인 문학이다. 그녀의 가족은 한때 각자의 직장과 일과 공부를 위해 집을 떠났다가 다시 모였다. 여기에 새로운 길이 있다. 공부이다. 그녀에게 마지막 목표는 글쟁이가 되는 것이었다. "내가 마지막까지 안고 갈 글쟁이의 소망"이라고 표현한 「어떤 귀가」와 '나는 무엇인가?'라고 묻는 「아직도」는 그 점에서 작가의 꿈을 밝힌 2부작 수필을 이룬다.

나는 어렸을 적부터 무엇이든 배우는 것을 좋아했다. 열심히 배우기만 하면 뭐라도 될 수 있을 것 같아서였다. 이제 나이를 먹을 만큼 먹었으니 그 열정의 끝에서 남에게 부끄러운 존재가 되기 싫다는 자존감으로 가득하다. '하면 된다.'는 내 어릴 적 신조처럼 무엇이든 저질러 보자. 그래야 결과가 있다. 고 생각했다. 끝까지 당당하게 살 수 있도록.

이 일을 위해서 지금의 나는 새로운 명함 하나 갖기를 희망한다. 내 이름 석 자 앞에 '작가 김 00'라는 새로운 호칭 하나 갖고 싶다. 이것이 가장 솔직한 내 욕망이다. 그게 의원이나 회장보다 더 되기가 어려운지, 가치가 있는 것인지는 모르나, '나는 무엇인가?' 하는 질문 앞에서 '작가' 라고 당당하게 대답하고픈 갈망이 날마다 용솟음친다.

–「아직도」 일부

그녀는 자신을 기록하는 과업이 자아발견의 길임을 새삼 깨친다. 단체장의 호칭은 일시적이지만 작가라는 호칭은 영원함도 믿는다. 아직도 공부하느냐고 친구들이 물을 때 "자신의 이름이 박힌 책 한 권"을 출간하리라 각오를 다진다. 농작물이 때가 되면 열매를 맺듯이 마침내 『비포장도로』라는 수필집을 발간하였다. 그만큼 이 책에는 그녀의 아픔과 슬픔, 미래에 대한 꿈과 포부, 현실에 충실한 활동과 봉사, 가족에 대한 애정과 기대, 자연에 대한 고마움과 배려, 낙동강 마을 풍경에 대한 예찬이 문장마다 감동적으로 그려져 있다. 그 덕분에 『비포장도로』가 평전이면서 자연명상록이면서 작가가 스스로의 힘으로 이루어낸 결정체로 평가받는다.

김애련에게 꿈은 삶의 활력소이다. 인생의 황혼기에 최선을 다하는 어머니, 아내, 작가라는 신분을 동시에 이루어낸 것이야말로 인간으로서 묵묵히 걸어온 길임을 보여준다.

3. 도요마을의 토포필리아

사람은 누구나 이상향을 원한다. 김애련이 원하는 꿈의 토포필리아는 시골에 자리한 도요마을이다. 그곳은 낙동강을 보살피는 은빛 모래가 깔려있고 야생화가 벌판을 가득 채우고 감자가 풍성하게 자라는 비옥한 대지이다. 남편이 태어난 곳이며 자식들이 성장하고 자신을 평화스럽게 정착시키고 싶은 곳이다. 그런 아름다운 낙원은 그냥 주어지지 않는다. 밤낮으로 일하고 자연을 경배하는 자세가 갖추어질 때 이루어진다,

그녀는 남편과 함께 살 집을 짓는다. 목수를 고용하여 집을 짓는 동안 언젠가는 이것이 강변과 어울리는 한 폭 수채화가 될 것임을 확신한다. "산천초목처럼 나도 아름답게 늙어가고 싶다"는 염원은 그녀의 영혼이

어떤 집에 깃들고 싶은 가를 말한다.

> 고향 앞 들판에는 이십 만평이 넘는 자연 생태공원이 펼쳐져 있다. 이곳의 이른 아침 풍경은 가슴이 설레는 한 폭의 수채화이다. 낙동강 물줄기에서 피어오르는 물안개가 온 마을을 신비 속에 감싸면 마지 신기루를 보는 듯하다. 철철이 무리지어 피고 지는 들꽃들. 길고 가는 목을 흔들며 손짓하는 갈대... 시골의 맑은 공기를 온 몸으로 마실 때마다 봄 향에 취하고 가을 향에 물들어 영혼까지 맑아지는 기분에 빠져든다.
>
> –「참을 인, 여섯 개」 일부

자연으로의 귀환은 풍경을 즐기는 완상이 아니라 농부農婦의 노동이 있어야 가능하다. 진달래가 산을 빨갛게 물들이고 청보리가 새파랗게 들판을 물들여도 두 손으로 씨를 뿌리고 농산물을 키워야한다. 삼월엔 고추를 심고 사월엔 오이를 심고 유월엔 감자를 캐는 건강한 몸이 있어야한다. 가족의 입맛을 돋우고, 자식과 손자들에게 보내고 이웃과 나누어 먹어야한다. 이러한 자발적인 태도는 「시골은 낭만이 아니다」와 「씨 뿌리는 여자」에서 고스란히 표현된다.

봄이 오면 시골 밭둑에는 또 매화와 진달래가 피겠지. 여름이면 장미, 봉숭아, 접시꽃이 지천에 살랑거리며 더위를 식혀줄 것이고 가을이 오면 활짝 핀 코스모스와 국화가 나의 감성을 글감으로 인도할 터이다. 또 무더운 여름을 잘 이겨낸 감나무, 사과나무, 배나무는 풍성한 결실을 맺어 나를 기쁘게 해주겠지. 혹여 어느 한 해 농사를 망치는 일이 있다 해도 농사를 쉬이 접지 못하는 이유는 바로 이런 것들에 대한 마련 때문이 아닐까.

— 「시골은 낭만이 아니다」 일부

어느 날 저승사자가 날 데리러 오면 심어야 할 것도 많고 거둬야 할 것도 많아서 못 간다고 떼쓰는 건 아닌지…… 다가오는 계절의 문턱 앞에서 내 소박한 일상의 꿈은 씨 뿌리는 아낙이 되어 아직도 가슴이 두근거리는데 말이다.

—「씨를 부리는 여자」 일부

그녀는 부산과 도요마을을 오간다. 시골에 오면 일거리는 끝없이 널려있고 부산에서도 갖가지 업무로 녹초가 되지만 며칠이 지나면 다시 시골로 발걸음을 재촉한다. 이것을 작가는 "어린 자식을 두고 온 어미의 조급한 심장"같다고 말한다.

그녀는 농사일은 재미가 아니라 진지한 노동임을 깨닫는다. 자연은 항상 인간에게 너그러운 게 아니다. 때로는 심술을 부려 은근히 인간을 시험한다. 이런 시련을 예시하는 작품에 「재앙」과 「평상, 낮아지다」가 있다. 「재앙」은 농사를 짓는데 필요한 물 부족으로 겪는 시골의 어려움을 전달한다. 물 부족은 모든 인간에게 재앙이므로 모름지기 지구의 파수꾼으로서 숲을 가꾸어야한다고 주장한다. 이런 주장은 사회활동을 한 작가의 이력을 바탕으로 한다. 거창한 이론보다 나부터 물

아껴쓰기 등의 생활운동은 "반딧불이도 빛이 되는 것처럼 작은 일 하나라도 시작"하자는 기본 지혜이기도 하다 「평상, 낮아지다」는 태풍바람에 정자 지붕이 날아가버린 사고를 통해 고난을 당할수록 생활인으로서 내공이 단단하게 쌓여진다고 하여 인간의 성숙을 인생론적으로 풀이하였다.

농사를 시작한지 5년이 지난 지금 그녀는 남편을 다정다감하게 바라본다. 낭만으로 여겼던 시골생활의 현실을 체험하면서 농사일을 하는 남편에 대한 측은지심이 깊어진다. 「시골은 낭만이 아니다」는 이런 부부애를 진솔하게 전달해주고 있다. 농사가 애당초 생계가 아니었지만 노동으로 바뀌어 기면서 남편이 "칠순의 나이에 접어들고 보니 별 수 없이 노년의 남자"라는 사실을 아내로서 그녀는 절감한다.

그녀가 자연에서 배운 세 번째는 "어른"이라는 개념이다. 나이가 많다고 모두 어른이 되는 것이 아니다. 가려 볼 줄 알고 새겨들을 줄 알며 남을 먼저 생각하는 지혜를 가져야 어른이 된다. “잘 익어가는 일은 아무나 하는 것이 아님”을 자각하는 성찰도 자연에서 그녀가 배운 것이다.

> 인생에는 세 가지의 여유로움이 있어야 한다고 했다. 하루는 저녁이 여유로워야 하고 일 년은 겨울이 여유로워야 하며 인생은 노년이 여유로워야 한다는 것이다. 자신보다 자신의 인생을 더 잘 아는 사람은 없으니 날씨는 못 바꾸지만 인생의 날씨는 바꿀 수 있지 않을까. 삶의 끈을 놓지 않고 끝까지 자신의 삶을 가꾸어 나간다면 말이다!
>
> —「가을의 푸념」

작가는 나이를 먹는 것은 익는 것이라고 말한다. 자연의 농작물은 가랑비가 내리든 소나기가 내리든 어떤 경우에도 최선을 다하여 열매를 맺는다. 인간도 지혜를 나눠주며 멋있게 익어가야 한다는 것이 작가가 자연에서 배운 철학이라고 할 것이다

4. 작가로서의 풍경

김애련 작가는 역동적 삶을 지켜온 분이다. "비포장도로"같은 역경을 극복하고 사회적 활동과 전원적 길을 넓혀온 작가는 스스로 개척하고 다듬은 길 위에 많은 손님들을 초대하였다. 주체적인 성품과 부드러운 포용력이 조화를 이룬 가운데 질박한 문장과 감수성이 넘치는 시선으로 사람의 삶과 자연의 자비를 담담하게 펼쳐낸다. 그러므로 『비포장도로』는 가족의 행복과 사회봉사와 자연예찬이 단아하게 직조한 수작으로 구성되어 있다.

김애련은 인간은 어떤 존재성을 가져야하는가를 진지하게 성찰하고 있다. 꿈은 성취할 때 가치를 갖는다는 점에서 그녀의 수필은 인간 팡세이면서 자연예찬의 양면성을 갖는다. 이렇듯 작품 곳곳에 깃든 진지한 작가의식은 다른 데에서 찾기 힘들다. 그 점에서 작가의 『비포장도로』는 개인의 전傳이면서 건강한 공경정신을 전파하는 록錄으로서의 가치도 듬뿍 갖는다.

비포장도로

초판1쇄 발행 2019년 8월 15일

지은이 김애련
펴낸이 이길안
펴낸곳 세종출판사

주소 부산광역시 중구 흑교로 71번길 12 (보수동2가)
전화 051－463－5898, 253－2213~5
팩스 051－248－4880
전자우편 sjpl@chol.com
출판등록 제02-01-96

ISBN 979-11-5979-298-4 03810

정가 13,000원

이 도서의 국립중앙도서관 출판예정도서목록(CIP)은 서지정보유통지원시스템 홈페이지(http://seoji.nl.go.kr)와 국가자료공동목록시스템(http://www.nl.go.kr/kolisnet)에서 이용하실 수 있습니다. (CIP제어번호: CIP2019030805)